राजनीतिक शिक्षा का यह दायित्व है कि वह मानव समाज को राज्य–संस्थापन, संचालन, राष्ट्र–संरक्षण तीनों काम सिखाए। चाणक्य ने इन तीनों कामों की शिक्षा अपने साहित्य द्वारा दी। मगध के शासक नन्द द्वारा चाणक्य को अपमानित कर दरबार से निकाल देने पर चाणक्य ने शिखा खेलकर प्रतिज्ञा की कि वह नन्द को मगध की राजगद्दी से हटाकर नये राज्य की नींव जिस दिन रख लेगा तभी उसकी खुली शिखा बन्धेगी। एक होनहार युवक चन्द्रगुप्त को भावी राजा मानकर चाणक्य ने कैसे–कैसे राजनीति के मोहरे चले कि नन्द का पतन हो ही गया। चन्द्रगुप्त मगध–सम्राट बना और चाणक्य बने उसके महामात्य।

प्रस्तुत है चाणक्य के जीवन एवं उनके कुशल शासन प्रबन्ध पर विस्तार से प्रकाश डालने वाली औपन्यासिक शैली में पुस्तक

महामात्य चाणक्य

महामात्य
चाणक्य

अश्विनी पाराशर

डायमण्ड पॉकेट बुक्स

प्रकाशक : **डायमंड पॉकेट बुक्स (प्रा.) लि.**
X-30 ओखला इंडस्ट्रियल एरिया, फेज-II
नई दिल्ली-110020
फोन : 011-40712200
ई-मेल : wecare@diamondbooks.in
वेबसाइट : www.diamondbooks.in
संस्करण : 2025
मुद्रक : रेप्रो (इंडिया)

Mahamatya Chanakya
By : Ashwini Parashar

भूमिका

महामात्य चाणक्य भारतीय इतिहास का अत्यन्त विशिष्ट चरित्र है । यह चरित्र, व्यक्ति, व्यक्तित्व और इन सबको अतिक्रमण करता हुआ एक युग बन जाता है । चाणक्य के नाम के साथ एक और महान् नीति-ग्रंथ जुड़ा हुआ है, दूसरी ओर उसके तत्वरूप में अर्थशास्त्र की संस्कृति सम्बद्ध है । एकस्थान पर चाणक्य ने अपने सूत्र में लिखा है :

इन्द्रिजयस्य मूलं विनयः

और इसी के साथ आगे चाणक्य कहते हैं–

जिवात्मा सर्वार्थे संयुज्यते

अर्थात् :–जितात्मा सभी सम्पत्तियां प्राप्त करता है । अर्थात् इन्द्रिय जय का मूल विनय है । जो विनीत, विनम्र होगा वही अपनी इन्द्रियों को वश में रख सकेगा और वही व्यक्ति जितात्मा होता है तथा जितात्मा ही सारी सम्पत्तियां प्राप्त करता है ।

इसका सीधा सम्बन्ध जीवन की उस व्यावहारिकता से जुड़ता है जो धर्म, अर्थ, और काम को एक सांस्कृतिक परिवेश का रूप देती है । यहां सम्पत्ति सम्पन्नता का पर्याय है जो आंतरिक और बाह्य दोनों प्रकार की होती है । इसीलिए महामात्य चाणक्य का मत है–''प्रजा के सम्पन्न होने पर नेताहीन राज्य भी चलता है ।'' इसी से यह आभास हो जाता है कि प्रजा का और उसकी सम्पन्नता का कितना महत्त्व है ।

आपका चाणक्य से, नीतिज्ञ चाणक्य से जो परिचय होता है उसने हजारों वर्षों पूर्व राजनीति, धर्म, और अर्थ के विषय में ऐसी बातें कही हैं जो मानव मूल्य के लिए आधारशिला हैं और आज भी वे सब कसौटी पर बिल्कुल खरी उतरती हैं ।

किन्तु यह नीतिज्ञ चाणक्य एक नीतिज्ञ ही नहीं था, एक सदाशय मनुष्य, उसके पूर्व एक शिष्य और अपनी जन्मभूमि की प्रतिभा, कुसुमपुर का एक उद्वेगी युवा भी था । यही चाणक्य गुप्त राज्य को स्थिरता देने वाला—गुप्त सम्राट चन्द्रगुप्त का रचियता था—रचियता इसलिए कि अनेक गुरु होते हैं जो अपने शिष्यों को शिक्षा देते हैं पर अपने शिष्यों की रचना करने वाले गुरु कम होते हैं । शायद इस अर्थ में चाणक्य गुरु संदीपन, महामना परशुराम, आचार्य द्रोण की परम्परा में आते हैं ।

और यह शिष्य और गुरु चाणक्य अपने जीवन में कितनी द्वन्द्वात्मक स्थितियों में रहा ? मान, अपमान, उपेक्षा, सत्कार पाने और न पाने की कितनी गुंजलकों में जीता रहा और फिर किस तरह से उसने एक सशक्त राज्य की स्थापना का स्वप्न साकार किया—यह सब मैंने औपन्यासिक शैली में चित्रित करने का प्रयास किया है ।

महामात्य चाणक्य ! अर्थशास्त्री चाणक्य, एक मनुष्य चाणक्य से किस तरह संवेदात्मक यात्रा करता है—इसकी चित्रात्मक झांकी ही मिलेगी आपको इस रचना में । मुझे आशा है कि उपन्यास में चित्रित चाणक्य आपकी संवेदना का स्पर्श कर पायेगा ।

—अश्विनी पाराशर

अनुक्रम

महामात्य चाणक्य

बाल्यकाल

कुसुमपुर ! हां, यह वही कुसुमपुर है, यहीं मेरे जीवन की पहली किरण धरती पर उतरकर खिली थी । यहीं कहीं होगी वह झोंपड़ी, चणी ब्राह्मण का घर । और मेरी मां ! वह तो कब की अग्नि समाधि ले चुकी हैं । कहां गया वह सारा सुख ? अभाव में भी लगता था हमारा एक अपनापन है हमारे आस-पास । लेकिन दुष्ट नन्द ने सभी कुछ तहस-नहस कर दिया । गर्क कर दिया सारा कुछ सुख-विलास और वासना के समुद्र में । और मेरे पिता का मित्र शकटार ! वह तो राज्य का सेवक था । नन्द ने उसे भी नहीं छोड़ा । काल-कोठरी में डाल दिया ।

कितना छोटा-सा था गांव ! आज भरी-पूरी बस्ती होकर भी यातना के बादलों से घिरी एक उजाड़ बस्ती लग रही है । यहां कितनी चिताएं जली हैं ! कितनों को अग्नि भी प्राप्त नहीं हुई । कितने चील-कौओं के भोजन बन गये, कोई हिसाब नहीं ।

चलते-चलते चाणक्य एक वट वृक्ष के नीचे आकर खड़े हो गये । सांझ ढल चुकी थी लेकिन दूर-दूर तक कहीं दीये की कोई किरण नहीं झलक रही थी । घना अन्धकार ग्रसने जा रहा था पूरे गांव को ।

यकायक चाणक्य अट्टहास कर उठा । उसकी गूंज से पत्ते कांप उठे । शाखाएं आपस में टकरा-टकराकर चटचटाने लगीं । समीप ही सरसराहट हुई और वहीं पेड़ के नीचे बने मिट्टी के थमले का सहारा लेकर बैठ गया चाणक्य । उसके सामने अतीत का वह पन्ना फरफराकर खुल गया ।

छोटा-सा यह गांव कुसुमपुर ! कुल जमा दस-बीस घरों की बस्ती । थोड़े से खेत । झोंपड़ी नुमा मकान । झोंपड़ी भी क्या घास-फूस को मोटी

लकड़ियों पर इस प्रकार डाल रखा था मानो नीचे सूरज की गर्मी से बचने के लिए छाया भर हो जाए । लेकिन कहां रुक सकती थी धूप ! नन्द के सैनिकों की भान्ति हठपूर्वक फूस के पंख चीरती घुस जाती थी घर में, ताकि रहने वालों को उसके होने का अहसास हो सके ।

और इसी तरह बेरोक-टोक बरसता था पानी । भीतर तक का सब कुछ भीग जाता था । और रहने वाला मानो इस प्राकृतिक विपदा को सहने का आदी हो गया था । क्या करता, रहना जो था । दांतों के बीच में जीभ भी रहती है । इसी तरह रहते रहे लोग धूप और पानी के दबाव में । ऊपर से नन्द के सैनिकों का दबदबा । कौन जाने कब धूप या बादल की तरह नन्द के सैनिक फूस में छेदकर घुस जाएं झोंपड़ी में और किसी के घर में खिली कोई भी चटकती गुलाब की कली टहनी उखाड़कर ले जाएं और भेंट चढ़ा दें अपने देवताओं को । वर्षा और धूप के देवता इन्द्र और सूर्य एक बार को यह दुष्ट भेंट स्वीकार न करें लेकिन मनुष्यों की भेंट से अट्टहास करने वाला यह दानवीय वृतियों वाला राक्षस नन्द, इसे तो नवयुवतियों के गर्म लहू को पीने का चसका पड़ चुका था ।

कितनी माताओं के आंसू उस खून की गर्माहट में हिलमिल गये—नन्द कभी नहीं जान पाया ।

उसका पिता चणी भी ब्राह्मण था । सन्तोष की मूर्ति—नितान्त धर्म-निष्ठ । न धन की इच्छा न सुख की लालसा । पिता का सुख सीमित था अपने कर्म-काण्ड में, अपने घर में, परिवार में । पिता ने कभी किसी का हृदय नहीं दुखाया । जो मिला सारा कुछ साधु-संन्यासियों पर खर्च कर दिया लेकिन स्वयं की आवश्यकता के लिए किसी के आगे कभी हाथ नहीं पसारे ।

और तब जब चाणक्य का जन्म हुआ ! एक पत्थर मानो दरक गया और उसकी झिर्रियों में से एक हल्की-सी प्रकाश की किरण पूरे झोंपड़े को प्रकाशित कर गई । पुत्र को पाकर चणी और उसकी पत्नी दोनों ही फूले नहीं समाये । चणी और उसकी पत्नी दोनों ही सुन्दर थे । तब राज्य के अत्याचारों की कालिमा, क्रूर सैनिकों का आतंक और भय काले बादलों की तरह राज्य के भविष्य रूपी आकाश में छाए हुए थे । शायद इस कालिमा का ही प्रभाव हुआ कि चाणक्य शरीर से स्वस्थ होने पर भी घनश्याम वर्ण का उत्पन्न हुआ ।

मां के लिए तो पुत्र घर में प्रकाश करने वाला होता है फिर चाहे वह

काला ही क्यों न हो !

इस खुशी के माहौल में ही जब चणी ने अपने पुत्र की भविष्य रेखाओं को जानने के लिए साधु-संन्यासियों और ज्यातिषयों को बुलाया तो वह गरीब ब्राह्मण मानो आकाश से उतरता हुआ जमीन पर आ गया । चाणक्य के मुंह में बचपन से ही दो दान्त निकले हुए थे और जब वह हंसता था तो उसके यही दान्त मानो उसके शरीर की कालिमा को बादलों की तरह चीरकर शुभ्र चांदनी के समान प्रकाश फैला देते थे ।

ज्योतिषियों और साधु-संन्यासियों ने जब देखा कि इस बालक के मुख में दान्त बचपन से ही विद्यमान हैं तो उनकी दृष्टि उसके हाथ की रेखाओं से हटकर दान्तों पर आ टिकी । उसके मस्तक का फैलाव, भृकुटियों का बांकपन, सांस लेते समय नाक के नथुनों का फूलना और इस सब पर अघोषित तनाव सभी कुछ मानो भविष्य की मूर्ति को गढ़ रहे थे और वह बालक इन सबसे बेखबर अपनी मां की गोदी में बैठा हुआ निहार रहा था आश्चर्य से, अपने भविष्य द्रष्टाओं की ओर जैसे वह कहता हो छोटे-छोटे हाथ फेंकता हुआ कि मेरा भविष्य मेरे हाथ में नहीं मेरे मस्तक में उठने वाले विचारों में छिपा हुआ है ।

ज्योतिषियों के मन में यह सारा दृश्य उथल-पुथल मचाए हुए था । वह जानते थे कि यह गरीब ब्राह्मण, जिसने श्रद्धा भक्ति से उनका आतिथ्य किया है, इसे क्या मालूम कि इसकी 'कल' कैसी विचित्र होगी । फिर भी ज्योतिषियों ने चणी के बार-बार पूछने पर उसे बताया–

"हे ब्राह्मण ! तुम्हारे बालक की जन्म-कुण्डली और हाथ की रेखाएं जो बता रही हैं, उनके आधार पर यह बालक बड़ा होकर एक बहुत बड़े राज्य का स्वामी होगा । इसके मुख में जो जन्म के दान्त निकले हैं ऐसा बालक तो शताब्दियों बाद किसी भाग्यशाली के घर पैदा होता है । सुख इसके चारों तरफ नतर्कियों की तरह नर्तन करेगा । वैभव इसके आगे-आगे चाकरों की तरह बिछता हुआ जाएगा और राजा होकर भी यह युगपुरुष कहलाएगा चणी ।"

ज्योतिषी भविष्यवाणी कर रहे थे और चणी संकोच में डूबा जा रहा था, कहीं कोई राजा का सैनिक न सुन ले । और अपनी हथेलियों की ओट से जो दीप उसने बड़े-बड़े झंझावातों के बावजूद अभी तक बचा रखा है, वह कहीं झटके में बुझ न जाए और राज-सैनिकों का क्रोध उसकी छोटी-सी तिनकों की झोंपड़ी को तहस-नहस न कर दे ।

चणी का मन चिन्ता से कांप उठा । उसे ज्योतिषियों के कथन पर क्षण-भर के लिए भी यह प्रसन्नता न हुई कि उसका पुत्र बड़ा होकर राजा बनेगा । उसे तो लगने लगा कि कहीं इस भविष्यवाणी का सुराग नन्द को लग गया तो वह तो इन्हें जीते जी मार डालेगा । पता नहीं कल का सूरज कैसा अभिशप्त होगा ।

चणी ने अपनी पत्नी को झुंझलाकर कहा—"जा, अब यहां क्यों बैठी है ? उसको भीतर ले जा । हमारे घर का अंधियारा घर में ही रहे तो अच्छा है । इसकी काली छाया आंगन से बाहर नहीं जानी चाहिए ।"

और मां उस अबोध को गोदी में उठाए भीतर ले गयी । वह जान भी न सकी कि उसके पति के चेहरे पर इतनी तेजी से भाव कैसे बदल गया । और चणी उस उपाय के बारे में सोचने लगा कि जिससे यह रहस्य बाहर न फैल सके । तभी उसे याद आया कि इस सब झगड़े की जड़ उसके ये दान्त हैं ।

ज्योतिषियों को विदा करके चणी तुरन्त झोंपड़े में गया और बालक को मां से छीनकर अपने पास लेते हुए उसने पास के एक पत्थर से बच्चे के वे दोनों दान्त तोड़कर गिरा दिये ।

वटवृक्ष के नीचे बैठा हुआ चाणक्य अब इस अतीत के पन्ने को पढ़ रहा था तो अचानक उसका हाथ अपने मुखमंडल पर गया । सभी दान्त अपनी-अपनी जगह सुरक्षित थे लेकिन वे दान्त जो पिता ने पुत्र-रक्षा के स्नेहभाव में तोड़ दिये थे, वह स्थान तो अब भी रिक्त है, अब भी वहां से वायु बिना किसी रुकावट के आती जाती है ।

और चाणक्य के मुंह से अचानक निकल गया—वाह पिता !

हां, पिता ने यही सोचा था कि बालक के मुंह में जन्म के दान्त हैं, यदि इन्हें तोड़ दिया जाए तो ज्योतिषियों का यह कथन कि वह बड़ा होकर राजा बनेगा, मिथ्या सिद्ध हो जाएगा और वह एक सामान्य मानव ही रह जाएगा ।

पिता के मन में शायद यह भी डर था कि यदि भविषयवाणी सच निकली और पुत्र राजा हो गया तो कौन जाने कैसे-कैसे व्यसनों में पड़कर यह ब्राह्मण-पुत्र अत्याचारी न हो जाए और विलास में डूबे हुए नन्द की भान्ति अपने ही कुल का घाती न बन जाए । इसके बुरे कर्म निश्चय ही इसे जीवन के ऊंचे मानव सिंहासन से गिरा देंगे और जो अपयश इसे मिलेगा, उसमें पिता भी इसका भागी होगा क्योंकि पुत्र तो उसी का है ।

क्योंकि उनके मन पर नन्द जैसा राजा आतंक फैलाए बैठा था, शायद इसीलिए पिता को चाणक्य का राजा बनना स्वीकार नहीं था।

लेकिन होनी को कौन टाल सकता है ? वर्ष-भर बाद जब दुबारा वे ही साधु-संन्यासी भ्रमण करते हुए कुसुमपुर आए तो पिछले आतिथ्य-सत्कार को याद करते हुए उन्होंने चणी के झोंपड़े के आगे भी गुहार लगाई। तब चणी घर पर नहीं था। बालक चाणक्य, चणी ने इसका नाम चाणक्य रखा था,—सरकता हुआ बाहर आ गया। साधुओं ने जब उस बालक को देखा तो वे चकित रह गये।

"अरे ! इसके दान्तों को क्या हुआ ? क्या ये अपने आप टूट गए ?"

अभी वे यह सोच ही रहे थे कि तभी चणी आ गया। उसकी पत्नी भीतर ही थी लेकिन वह बालक साधुओं की गोद में हंस-खेल रहा था।

"क्यों ब्राह्मण, इस बालक के दान्त कहां चले गए ?"

"महाराज मैंने यह सोचा कि यदि यह बालक राजा बनेगा तो निश्चय ही व्यसनों में फंसकर दुराचारी हो जाएगा और एक दिन यह भी नन्द की तरह अपयश का भागी होगा, इसलिए मैंने इसके दान्त खुद ही तोड़ डाले।"

"तुम तो निरे मूर्ख हो ब्राह्मण ! भला जो बात विधाता ने लिख दी और दान्तों के उगने से जो संकेत स्पष्ट हो गए फिर उन्हें तोड़ने से क्या वह लिखावट मिटा सकते हो ? अरे ! तुम तो राजा बनने की बात कर रहे हो, वास्तव में यह राजा ही नहीं, राजा से भी बड़ा, राजा को बनाने वाला, राज-निर्माता और इस समूचे आर्यावर्त को आतंक से मुक्त कराने वाला, अपनी संस्कृति की प्रतिष्ठा करने वाला, जगद्विख्यात, सुधारक के रूप में जाना जाएगा।

"तुम मूर्ख हो चणी ! तुमने भावकुता में आकर इसके मुख की शोभा बिगाड़ दी लेकिन इसकी भाग्यलिपि का एक भी अक्षर तो क्या, उसकी शिरोरेखा भी तुम नहीं मिटा सकते। अरे दुर्बुद्धि ! पिता तो केवल जनन सूत्र देने वाला एक माध्यम भर होता है, बालक पलता तो मां के गर्भ में है, रक्त, ऊष्मा, प्राण, चेतना और वातावरण उसे मां देती है।

"दान्त तोड़ते हुए तुमने अपनी गृहस्वामिनी से भी पूछा था, अपने इस कृत्य के लिए ? कभी सोचा है, तुम नन्द को बुरा-भला कह रहे हो, तुम्हारे भीतर जो अहंकारी नन्द बैठा है, तुम उस पर नियंत्रण नहीं कर सके। हर व्यक्ति के भीतर नन्द होता है चणी ! हर व्यक्ति अपनी सत्ता को स्थापित करना चाहता है और व्यक्ति की सत्ता का पहला पात्र उसकी पत्नी होती है और उसके

बाद उसकी सन्तान । और सत्ता का दर्प यही है कि निर्णय करते हुए, जिसके खिलाफ निर्णय किया जा रहा है उसके बारे में उससे बिल्कुल न पूछा जाए । तुमने अपने इस कर्म में दो के साथ अन्याय किया है–अपनी पत्नी के साथ और अपने इस अबोध बच्चे के साथ ।

''तुम बताओ–क्या अन्तर है तुममें और नन्द में ? क्या अन्तर है तुम्हारे और उसके दुष्कृत्य में ?

''अपनी प्रजा पर अत्याचार करते हुए वह प्रजा की उपेक्षा करता है और प्रजा के मन के खिलाफ, इच्छा के खिलाफ अपना निर्णय उन पर थोपता है । उसकी बुद्धि या अविवेक जो उसे परामर्श देते हैं, वह उसी के अनुरूप चलता है ।

''तुम्हारी पत्नी और तुम्हारा बच्चा तुम्हारी प्रजा है । तुमने अपने निर्णय में न पत्नी को शरीक किया है और न बच्चे को, जबकि तुम्हारे निर्णय का प्रभाव इन दोनों पर पड़ा । मां की ममता रोई और बेटा अकस्मात् पिता में एक राक्षस को पाकर भौंचक रह गया होगा । कितना दर्द हुआ होगा उसको दान्तों के टूटने में ! तुमने अपने निर्णय के दम्भ में, अपने शासन के अंकुश की सारी की सारी चोट क्या अपनी प्रजा रूपी पत्नी और बच्चे की भावनात्मक पीठ पर नहीं बरसा दी ? तुम भी दुष्कृत्य के शिकार हुए हो चणी !''

''यह तो मैंने सोचा भी नहीं । मैं ब्राह्मण हूं, शास्त्रों का ज्ञान भी है लेकिन उनकी ऐसी दार्शनिक व्याख्या मेरे मन में कभी नहीं उभरी ।''

''शास्त्र को दोष मत दो, शास्त्र का अर्थ समय सिद्ध करता है और समाज समय के अनुरूप उसकी व्याख्या करता है । समाज-व्यवहार शास्त्र को दिशा देता है । यह ठीक है कि शास्त्र भी समाज को दृष्टि देते हैं लेकिन उस दृष्टि की अनुकूलता और प्रतिकूलता को समूह हित में व्यक्ति जांचता परखता है । तुमने केवल ज्ञानरूपी लकड़ियों का बोझ सिर पर धारण कर रखा है चणी । भला सोचो यह सारा ज्ञान किस के लिए है, समाज के लिए, व्यक्ति और व्यक्ति का सरोकार बना रहे इसीलिए ना ? कूपमण्डूक हो तुम चणी !''

और उनमें से एक वयोवृद्ध साधु सोच रहा था, ''गल्ती कहीं हमसे भी हुई । हमने पात्र की सीमा जाने बिना उसे ज्ञानरूपी प्रकाश देने का प्रयास किया । यदि यह ज्ञात होता कि यह ब्राह्मण वज्र मूर्ख है तो हम इसे कभी भी बालक के भविष्य का संकेत न देते ।''

''ऐसा न सोचिए महाराज ! मैं दोषी हूं लेकिन ममता के कारण । मेरी

एक छोटी-सी झोंपड़ी है और मेरा बालक इसमें दीये के समान उजाला करने वाला है, बस यही तो छोटा-सा मेरा सुख है और यदि दुष्ट नन्द के सैनिक मेरे इस सुख की एक भी किरण भांप लेते तो वे पूरे के पूरे सूर्य को निगल डालने के लिए कूद पड़ते इस झोंपड़े पर । तब न मैं रहता, न इसकी जन्म देने वाली मां और न यह खुद । आपकी भविष्यवाणी किसको राजा बनाती ?''

''तुम भी भावुक हो गये हो चणी ! और इतिहास से भी तुमने कुछ नहीं सीखा । अरे मूर्ख ! अरे भूल गया, कंस को तो यह मालूम था कि देवकी का आठवां पुत्र मेरे वध का कारण बनेगा इसीलिए उसने देवकी और वासुदेव को कारागार में डाल दिया लेकिन क्या कंस कृष्ण को मार पाया ? नहीं । सारे साधन कंस के विरोध में हो गए और भयानक काली अंधेरी रात में भी यमुना के विकराल जल समूह में से निकालकर वासुदेव कृष्ण को आखिर नन्द गांव छोड़कर ही आए थे । यशोधा के यहां पला था कृष्ण और बड़ा होकर कंस के वध का कारण भी बना ।

''तो क्या तुम समझते हो कि जिस विधाता ने भविष्यवाणी की है, उसने तुम्हारे पुत्र को आयु नहीं सौंपी होगी ? अरे ! यह तो हमने तुम्हें प्रसन्न करने के लिए कह दिया था–क्योंकि तब यह बच्चा था–कि यह बड़ा होकर राजा बनेगा । अरे यह महापंडित बनेगा, यह समाज को एक व्यवस्था देगा और पूरे आर्यावर्त्त पर जो शासन व्यवस्था यह स्थापित करेगा शायद तुम तब तक न रह पाओ चणी । लेकिन यह बालक अपनी एक उंगली पर, एक संकेत पर विदेशी साम्राज्य की जड़ें भी हिला देगा । इसलिए तुम इस बालक के प्रति बिल्कुल निश्चिन्त हो जाओ, इसका कोई भी बाल बांका नहीं कर सकता । इसकी धैर्यशीला मां ने जो अपनी कोख से रत्न पैदा किया है, वह तुम्हारे कुल परिवार को ही नहीं पूरे आर्यावर्त्त या जगत को भारत के गौरव से सम्पूर्ण कर देगा ।''

चणी गर्दन झुकाए बैठा रहा । बालक चाणक्य थोड़ा-थोड़ा सुन रहा था । अभी उसकी समझ-विकसित नहीं हुई थी, उसने अपनी मां के पल्लू को पकड़कर झटका-सा दिया मानो पूछ रहा हो–

''मां ! यह क्या कह रहे हैं ?''

साधु अपने गन्तव्य की ओर लौट गये और चणी अपने इस प्रतिभावान पुत्र के लालन-पालन में लग गए ।

एक गरीब ब्राह्मण जैसे-तैसे पूजा-पाठ करके कर्म-काण्ड से थोड़ा-बहुत

कमा लेता था और उसके परिवार का पालन-पोषण हो जाता था लेकिन जब चाणक्य बड़ा हुआ तो पिता को यही चिन्ता सता रही थी कि इसका विद्याध्ययन का प्रबन्ध किस प्रकार किया जाए ।

❑❑

महाराजा नन्द का मंत्री शकटार चणी का मुंहबोला मित्र था क्योंकि वह भी कुसुमपुर का ही रहने वाला था और दोनों ने ही अपना बचपन साथ-साथ हंसते-खेलते बिताया था ।

शकटार अपने कौशल से नन्द का मंत्री बन गया था और चणी को नन्द के राज्य में ब्रह्मवृत्ति दे दी गई थी । इसी से उसे कुछ आय हो जाती थी ।

चणी को जब शकटार का ध्यान आया तो वह शकटार के पास गया ।

''कहो मित्र ! कैसे आना हुआ ?'' शकटार ने पूछा ।

''मेरा पुत्र चाणक्य अब बड़ा हा गया है और मैं उसकी शिक्षा का प्रबन्ध करने में असमर्थ हूं । यदि तुम्हारी कृपा हो जाए और महाराज इसके विद्याध्ययन का प्रबन्ध राजकोष से कर दें तो मैं उनका उपकार कभी नहीं भूलूंगा ।''

''तो इसमें संकोच की क्या बात है ? तुम प्रातः दरबार में आ जाओ अपने पुत्र को लेकर । तुम्हारे लिए प्रबन्ध हो जाएगा ।''

चणी के लिए तो यह भाग्य से छींका टूटने वाली बात हो गई । वह प्रसन्नतापूर्वक अगले दिन दरबार में गया और शकटार के कथनानुसार उसने महाराज से निवेदन किया ।

ब्राह्मण के निवेदन को सुनकर नन्द ने कहा–

''क्यों महामंत्री ! तुमने इस ब्राह्मण को पहले हमारे दरबार में प्रस्तुत करके ब्रह्मवृति दिलवाई और अब तुम इसके पुत्र को तक्षशिला भेजना चाहते हो और राजकोष से छात्रवृत्ति दिलवाना चाहते हो ?''

''हां महाराज ! यदि आपकी कृपा हो जाए ।'' शकटार ने कहा ।

''तुम जानते हो, राजकोष दिन पर दिन क्षीण होता जा रहा है और हमारे कारिन्दे पूरी तरह से आय कोष में जमा नहीं कराते । सेनापति मौर्य अलग सैनिक बल के लिए राजकोष लुटा रहे हैं । यह सब कैसे होगा ?''

''महाराज ! ब्राह्मण को दान करना धन का उपयोग होता है और कहते हैं कि ब्राह्मण को दिया धन व्याज सहित भगवान् की कृपा से राजकोष में अन्य स्रोतों से लौट आता है । इस छात्रवृत्ति से राजकोष में कोई कमी नहीं आयेगी ।''

"ठीक है, यदि तुम ऐसा समझते हो तो । तुम हमारे महामंत्री हो, तुम्हारी राय का हम विरोध नहीं करते । जितना उचित समझो, इस ब्राह्मण को दे दो । कोषाधिकारी ! सुन लें, महामंत्री के कथनानुसार इस ब्राह्मण को राजकोष से मुद्राएं देने का प्रबन्ध कर दिया जाए और इसके लिए हमें बार-बार कष्ट न दिया जाए, जब तक बालक पढ़ता है, इसका पूरा प्रबन्ध राजकोष करेगा ।"

चणी के लिए तो इस समय महाराजा नन्द देवता के समान, धन्वंतरी के समान या कहें कुबेर के समान महादानी लग रहे थे ।

वह प्रसन्न मन अपने घर लौट आया ।

चाणक्य को यकायक स्फुरण हो आया । वटवृक्ष के नीचे बैठा हुआ वह विचारमग्न था, सोच रहा था यह कैसा हवा का झोंका है जो अतीत के पन्ने फड़फड़ाकर खोलता जा रहा है । उसे याद आने लगा–मानो कल की बात थी, उसके पिता महाराज नन्द के यहां से कितने प्रसन्न लौटे थे मुझे तक्षशिला भेजने का आश्वासन पाकर !

प्रातःकाल मैंने यह सूचना सबसे पहले सुवासिनी को दी थी । महामंत्री शकटार की यह सबसे छोटी कन्या थी, मुझसे तीन वर्ष छोटी ।

और सुवासिनी का वह बाल चेहरा जब चाणक्य के सामने आया तो वह अपने विचलित मन को रोक नहीं पाया ।

सुवासिनी चाणक्य से तीन साल छोटी थी लेकिन बचपन में जब दोनों साथ-साथ खेलते थे तो अक्सर बात मिट्टी के खिलौनों पर बिगड़ जाती थी । सुवासिनी का मुख्य खेल था, घर-घर खेलना, जिसमें वह एक छोटा-सा घर बनाकर उसके चारों तरफ लकड़ी की छोटी सूखी-सूखी टहनियां गाड़कर उनका बाग बनाती थी और घर को साफ-सुथरा सजाकर उसे अनेक प्रकार से सुन्दर बनाने का प्रयास करती थी । और चाणक्य बार-बार उसे टोकता था–

"यह क्या सुवासिनी ! तुमने मेरी जगह भी घेर ली, अब मैं अपना अध्ययन कहां करूंगा ? मेरी पूजा का क्या होगा और मैं कहां करूंगा यज्ञ ?"

"अरे भई यह घर है, इसमें रसोई होगी, सोने का कमरा होगा, बच्चों के खेलने के लिए आंगन होगा । तुम्हें अगर अपना अध्ययन करना है या यज्ञ करना है तो तुम अपने लिए किसी नई जगह की खोज करो । मेरे घर में यह सब कुछ नहीं चलेगा ।"

और दोनों अपने अलग-अलग मनोनुकूल घर बनाने के लिए अक्सर

झगड़ पड़ते थे और अलग हो जाते थे ।

वैसे सुवासिनी के पिता जब महाराज नन्द के यहां महामंत्री हो गए तो वह पिता के साथ पाटलिपुत्र चली गई । तब शायद वह सात-आठ वर्ष क़ी रही होगी और फिर–

चाणक्य सोच रहे थे और अतीत बार-बार उन्हें अपने में उलझा रहा था ।

चाणक्य का घर का नाम विष्णुगुप्त था और उसके पिता और माता दोनों ही उसे विष्णु कहकर पुकारते थे । आज दोनों में से कोई भी तो नहीं है । शायद उन्हीं के साथ चला गया विष्णुगुप्त का सम्बोधन, रह गया केवल चाणक्य–अकेला । यहां कौन बताएगा उसे–कहां है उसकी वह झोंपड़ी जहां उसने अपना बचपन बिताया था ?

टहलते-टहलते चाणक्य उस वटवृक्ष से दूर चले आए । उसके पीछे-पीछे मानो एक परछाई चल रही थी ।

फिर अपनी झोंपड़ी का अनुमान करते हुए वह सोचने लगा कि यहीं मुझे अपनी गोद में बिठाकर मेरे पिता और मेरी मां सुख का अनुभव किया करते थे । वे ब्राह्मण थे इसीलिए जो यज्ञशेष मिलता था, दान-दक्षिणा मिलती थी, उसी से सन्तुष्ट थे पर अब तो वे भी नहीं हैं । कहां गए, कोई नहीं जानता ।

और यहां किससे पूछूं ? कोई मुझे पहचानता तक नहीं । यह प्रदेश मगध राज्य में ही आता है लेकिन किसी को प्रजा की चिन्ता नहीं, कोई कहां गया, कौन बताएगा ?

चाणक्य के पीछे आने वाली परछाई मानो ठहर गई थी और एक आवाज आई, ''कौन हो तुम ? इधर रात्रि में घरों के आस-पास क्या देख रहे हो ?''

चाणक्य का मन हुआ कि वह एक बार फिर जोर से हंसे । इन्हें जो मिट्टी के ढेले हो गए हैं, जिनमें पशु भी रहना नहीं चाहेंगे, उन्हें घर की संज्ञा, कितना बड़ा व्यंग्य है यह ! कोई डर नहीं यहां किसी को । किसी के पास है ही क्या, जो कोई रोकेगा ।

''तुमने जवाब नहीं दिया ? किसे खोज रहे हो तुम ?''

''मैं अपना बचपन खोज रहा हूं । क्या तुम बता सकते हो कि यहीं पास ही किसी झोंपड़ी में एक ब्राह्मण चणी रहा करते थे, वे कहां होंगे ?''

''तुम क्यों पूछ रहे हो उनको ? वह तो यहां से काफी अरसा हुआ पहले

निर्वासित कर दिये गए थे ।"

"लेकिन क्यों ?"

"यह मत पूछो, यह एक बड़ी पीड़ादायक घटना है, एक दुःखद प्रसंग है ।"

"पर ऐसा क्या हुआ ?"

"बहुत साल पहले की बात है–महाराज ने अपने महामंत्री शकटार को बन्दी बना लिया था ।"

"ऐं ! वे तो उनके बड़े विश्वासपात्र थे ।"

"हां, लेकिन जब राजा से राज्य बड़ा हो जाता है तो विश्वास राज्य पर ठहर जाता है, राजा पर नहीं ।"

"तुम तो बड़े गुणी महात्मा हो । क्या तुम मुझे खुलकर बताओगे ?"

"इसमें बताने को रहा ही क्या है ? महामंत्री शकटार और सेनापति मौर्य दोनों ही जनता का हित चाहते थे और महाराज नन्द की विलासी प्रवृत्ति के विरुद्ध थे । लेकिन तुम यह सब क्यों पूछ रहे हो ?"

"मैं जुड़ा हुआ हूं उनसे । तुम बताओ ।"

"महाराज नन्द के कोष का सारा पैसा विलासिता में प्रयोग किया जा रहा था । जनता त्रस्त थी और जब राजा प्रजा का ध्यान छोड़ दे तो यह दशा तो होगी ही । मंत्री ने इसका विरोध किया, महाराज ने सेनापति के हाथों उसे बन्दी बनवा लिया । सेनापति ने यह कर्म महाराज की आज्ञा से कर तो दिया लेकिन उसका मन इसे स्वीकार नहीं कर सका तो उसने स्वयं ही ग्लानिवश यह पद छोड़ दिया । महाराज ने उसके इस व्यवहार को उसकी बगावत समझा और उसे भी बन्दीगृह में डाल दिया ।"

"लेकिन ब्राह्मण चणी का निष्कासन इनसे कहां सम्बन्धित रहा ?"

"वह ब्राह्मण आत्मसम्मानी था । जब उसने सुना कि महाराज ने उसके प्रिय मित्र और राज्यनिष्ठ महामंत्री शकटार को बन्दीगृह में डाल दिया है और उसे वध के लिए भूखे परिवार सहित यातना सहने के लिए एक सुनसान काल कोठरी में भूमिगत कर दिया है तो ब्राह्मण से यह सहन नहीं हुआ । और जब सेनापति के प्रति भी उसने यही अत्याचार देखा तो वह अपने क्रोध पर काबू न रख सका । वह ब्राह्मण बड़ा हठी था । उसने महाराज नन्द के विरुद्ध नगर में उनके अत्याचार का ढिंढोरा पीटना शुरू कर दिया मानो वह पागल हो गया हो ।

"वह चिल्लाता फिरा–यह नन्द हत्यारा है, यह मगध की प्रजा को खा

जाएगा । नागरिको, सावधान ! इस विलासी राजा को इसके कर्म का दण्ड मिलना ही चाहिए ।

"फिर क्या था ! जब महाराज नन्द ने यह सुना तो उन्होंने सबसे पहले तो उसकी राजकोश से मिलने वाली ब्रह्मवृत्ति बन्द कर दी और उसे नगर से निकाला दे दिया ।"

"फिर क्या हुआ ?"

"फिर उसे किसी ने नहीं देखा । महाराज ने अपने सिपाहियों द्वारा उसे पकड़कर बुलवाया भी था । उसे समझाया भी था कि तुम्हारा मित्र शकटार केवल बन्दी है, उसका वध नहीं किया गया ।

"लेकिन वह ब्राह्मण तो धर्म के अतिरिक्त कोई और व्यवहार जानता ही नहीं था इस लिए उसने भरे दरबार में महाराज नन्द को पापी और अनाचारी कहते हुए ललकारना प्रारम्भ कर दिया । फिर तो नन्द ने क्रोध में आकर उसका दिया सारा वैभव लौटा लिया और उसे मगध से बाहर कर दिया ।

"वहां सामने जो कुछ बांस गढ़े हुए देख रहे हो, जिनका फूस भूमि पर वर्षा और हवा के कारण खाद बन गया है, वह उस ब्राह्मण की ही तो झोंपड़ी है ।"

"अच्छा एक बात बताओ ।"

"क्या अब भी कुछ पूछने को रह गया है ? इतना समझ लो कि नन्द अब ब्राह्मणों के विरुद्ध हो गया है और वह बौद्ध बन चुका है । उसके राज्य में अब कोई ब्राह्मण राज्याश्रय नहीं पा सकता ।"

"मुझे इसकी चिन्ता नहीं है । मुझे तो यह बताओ, शकटार का परिवार कहां है ?"

"तुम कैसे आदमी हो जी ! तुम्हें नन्द के राज्य में खड़े होकर उसके विरुद्ध इतने प्रश्न करने में तनिक भी भय नहीं लग रहा ? अरे वे सब राजकोप का शिकार हो गए और मारे गए । अब मैं तुम्हें उन सबकी समाधि बताऊं कहां बनी है ?"

"नाराज मत होओ, मैं तो केवल यह जानना चाहता था कि महामंत्री शकटार की एक कन्या थी सुवासिनी । क्या बता सकते हो कि वह जीवित है या नहीं ?"

यह सुनकर उस अपरिचित व्यक्ति को हंसी आ गई और वह बोला, "क्या करोगे पूछकर ? बौद्ध विहार चली गई थी लेकिन जब वहां भी न रह सकी तो नृत्यांगना बन गई और अब मुझ से मत पूछना कि वह कहां है, क्योंकि मुझे नहीं मालूम ।"

और यह कहकर वह परछाई, जो एक अपरिचित व्यक्ति के रूप में चाणक्य से संवाद कर रही थी, लौट गई उसी अंधकार में । और उस नीरव एकान्त में, जहां सब पक्षी अपने-अपने घोंसले में सोए पड़े थे, केवल कुछ जुगनू चमक रहे थे और कभी-कभी मच्छर आवाज कर देते थे–ऐसे में अकेले खड़े हुए चाणक्य सोचने लगा, पता नहीं कहां होंगे पिता ? जीवित या.....नहीं, नहीं ऐसा नहीं होगा, ईश्वर उन्हें आयु प्रदान करे लेकिन मैं उन्हें इतने विशाल राष्ट्र में कहां ढूंढूंगा ? और फिर अपने माथे पर हाथ मारते हुए चाणक्य अपने भाग्य को कोसने लगा ।

यह मेरा दुर्भाग्य ही तो है कि आज मैं तक्षशिला से अध्ययन पूरा करके लौटकर न मां से मिल सका और न पिता से । क्या सुख मिला उन्हें एक पुत्र से, एकमात्र पुत्र से ! केवल बचपन का थोड़ा सा सुख । जो उन्होंने मेरी उंगलियां पकड़कर मुझे घर के आंगन और दहलीज तक चलना सिखाया, उनका वही पुत्र तक्षशिला से यहां तक कितनी लम्बी यात्रा करके आया है, यह तो वे जान ही नहीं पाए ।

और सुवासिनी..... क्या कहूं ! कैसे कहूं, कहां होगी वह, किस हाल में होगी, क़िस से पता करूं ? क्या पेट की ज्वाला ने उसे अभिनय करने के लिए बाध्य कर दिया ? कैसा अभिशाप है यह ! एक राजा की दुष्प्रवृतियों ने एक साथ तीन-तीन परिवारों का सर्वनाश कर दिया ।

यही वह कुसुमपुर है ? नहीं, यह वह कुसुमपुर नहीं हो सकता । और फिर जिसमें सुवासिनी न हो, मेरी मां न हो, वह कुसुमपुर कहां रहा, कहां होगी उसके सुमनों में गन्ध ?

क्या प्रजा राजा पर इसी दिन के लिए विश्वास लाती है ? क्या वह उसके हर संकेत पर इसी दशा में आने के लिए उसके सामने बिछ-बिछ जाती है ?

नहीं, रोकना होगा यह अत्याचार । अब यह नहीं सहा जाएगा । मैं लेकिन करूंगा क्या ? कैसे रोक पाऊंगा इसे अकेला ?

एक स्थापित शासक को उलटकर प्रजा के हित की व्यवस्था को पुनः स्थापित करने के लिए मैं तो अकेला हूं । खैर जो कुछ भी है, मैं एक बार तो महाराज से मिलूंगा । यह ब्रह्मचारी चाणक्य इतनी जल्दी हार नहीं मानेगा ।

लेकिन यदि महाराज ने मेरी वृत्ति और मेरी भूमि मुझे लौटा दी तो मेरे शास्त्र व्यवसाय का क्या होगा ? ठीक है, कुछ सोचते हुए चाणक्य ने निश्चय

किया, राष्ट्र की भलाई-बुराई से मुझे क्या ?

तब फिर मेरे कर्तव्य का क्या होगा ?

मन में एक विचारक ने कुलबुलाते हुए चाणक्य से कहा—इस पर विचार करने से क्या होगा ? निर्णय करने से पहले जब तक महाराज नन्द का विचार नहीं मालूम पड़ता, तब तक क्या कहा जा सकता है !

और यदि महाराज ने मेरी शर्तें मान लीं तो......

इस पर भी बाद में ही विचार होगा । चाणक्य स्वयं से ही संवाद करते-करते अब खंडहर के पास आ गए जो उनके बचपन की स्मृतियां समेटे आज भी बांस के स्तम्भ के रूप में अपने अवशेष दिखला रही थीं ।

चाणक्य को झोंपड़ी के भूगोल का कुछ भी पता न चल सका, सिवाय उस गड्ढे के, जहां अब भी एक नुकीला पत्थर दबा हुआ, कुछ उभरा हुआ पड़ा था ।

इसी पत्थर से उसके पिता ने उसके राजा होने की सारी सम्भावनाएं खत्म करनी चाही थीं ।

चाणक्य की आंखों में आंसू आ गए । सुवासिनी और पिता के बीच की स्मृतियों में यह पत्थर एक दीवार बन गया और मानो दोनों दिशाओं से अलग उसे एक तीसरा मार्ग साफ-साफ दिखलाई देने लगा । जो विनष्ट हो गया वह अब किसी भी दशा में लौटाया नहीं जा सकता लेकिन जो विनष्ट होने के कगार पर खड़ा है, उसे तो रोका ही जा सकता है ।

और यह सोचते हुए चाणक्य को मानो उसकी दशा मिल गई थी । वह अब वहां से लौटकर वहीं आ गया, जहां वह ठहरा हुआ था, एक अपरिचित सराय में । उसने निश्चय किया कि कल उसे महाराज नन्द से मिलना है ।

चाणक्य की शपथ

प्रातःकाल होते ही चाणक्य ने पाटलिपुत्र जाने का विचार किया । उसके सामने शकटार, मौर्य सेनापति और स्वयं उसके पिता चणी के अज्ञात हो जाने की पहेली ज्वलन्त रूप में एक प्रशन बनी खड़ी थी । वह सोच नहीं पा रहा था कि एक मदान्ध राजा अपने भोग-विलास की लिप्सा में क्यों समूचे राष्ट्र की आहुति दे रहा है ? क्या उसने निश्चय कर लिया है कि वह अमर है, कभी

उसका अन्त नहीं होगा ? और यह सोचते हुए वह काफी दूर निकल गया।

दोपहर चढ़ आई थी, जब चाणक्य पाटलिपुत्र पहुंचा। राजनगरी में भव्य महलों को देखकर वह कल्पना भी नहीं कर सकता था कि इसके समीपवर्ती भूखण्ड और गांव एक उजाड़ श्मशान भूमि-से दिखलाई पड़ रहे हैं। समूचे उत्तर भारत में पाटलिपुत्र राज्य का अपना नाम है लेकिन उसकी प्रजा, शायद इसके बारे में दूर बैठकर जो कोई अनुमान लगाएगा वह यहां इस नगरी में आकर अपने अनुमान को गलत पाएगा।

दूर के ढोल कितने सुहावने होते हैं, यह भी पाटलिपुत्र राजधानी के आस-पास के क्षेत्रों को देखकर सहज ही जाना जा सकता है।

नगर की शोभा अत्यन्त रमणीय थी क्योंकि वहां राजमहल के भीतरी प्रकोष्ठ में सैनिक भी रमणियां ही थीं और परिचारिकाएं भी रमणियां ही थीं। महिलाओं के जीवन-स्तर को कितना ऊंचा उठा दिया नन्द ने !

जब चाणक्य राजभवन में पहुंचे तो वे हतप्रभ रह गए। जो सोच-कर वह आए थे, वह प्रश्न पीछे छूट गया था क्योंकि यहां तो साक्षात् वैभव-विलास का तांडव नृत्य हो रहा था।

मार्ग में उन्हें कुछ ब्राह्मण मिले। एक ने जिज्ञासावश पूछा, ''तुम कौन हो भाई ? माथे पर गोरोचन का तिलक देखकर ही लगता है कि तुम ब्राह्मण हो। तुम यहां नये जान पड़ते हो। तुम इतने चिन्तित क्यों हो ?''

चाणक्य ने देखा, उसके सम्मुख जो तीन-चार लोग अपरिचित-से आकर खड़े हो गए थे, उन्होंने एक साथ उससे परिचय जानने की इच्छा से कई सवाल कर डाले।

चाणक्य कोई उत्तर देते इससे पहले ही एक ने कहा, ''क्या धन की चिन्ता से दु:खी हो ब्राह्मण ?''

''बेकार की चिन्ता कर रहे हो। हमारे महाराज नन्द ब्राह्मणें के प्रति बहुत उदार हैं, वे उन्हें मुंहमांगा दान देते हैं। यदि तुम्हें धन की आवश्यकता हो तो महाराज के दरबार में जाओ। आज रविवार है और आज के दिन महाराज कभी किसी ब्राह्मण को खाली नहीं लौटाते। महाराज नन्द सूर्य के उपासक हैं।''

''कितने कष्ट की बात है, आप लोग ब्राह्मण हैं लेकिन चापलूस भी हैं। एक क्लीव राजा की प्रशंसा में मिथ्यावाचन करते हुए आपको लज्जा नहीं आती ? महाराज नन्द कितने दानी हैं, यह तो मैं अभी कुसुमपुर और पाटलिपुत्र के बीच

जो गांव पड़े हैं, उनकी शोभा को देखकर अनुमान लगा सकता हूं । जमीनें सूखी पड़ी हैं, घर खाली पड़े हैं, कहीं किसी के यहां दीपक नहीं जलता और इधर-उधर जो भूला-भटका जनसमूह टिका हुआ है, उनके यहां से उनकी बहू-बेटियां गायब हैं ।''

फिर कुछ सोचकर चाणक्य ने कहा, ''आप महाराज को दानी बता रहे हैं, वे सूर्य के उपासक हैं, लेकिन क्या आप बता सकते हैं कि आपके यहां आपके घर की स्त्रियों की मर्यादा और आबरू सुरक्षित है ?''

चाणक्य के इस प्रशन ने उन सबके मुखमण्डल विवर्ण कर दिये । सही है, उन्होंने जो वृत्तियां पाई हैं, उनके विनिमय में उनके घर की स्त्रियां या बहू-बेटियां या तो स्वयं नन्द की वासना की शिकार हुई हैं या उनके क्रूर सैनिकों की वासना की । जिस दान और प्रतिष्ठा की बात कर रहे थे वे, यह तो वे स्वयं ही नहीं जानते ।

क्रोध में भरकर चाणक्य ने कहा, ''आप समझते हैं कि मैं तक्षशिला से पाटलिपुत्र धन की इच्छा लेकर आया हूं ? कभी सोचा है आपने कि यहां की उत्पन्न सन्तानें असमय क्यों मर जाती हैं ? उनका बचपन सीधा वृद्ध क्यों हो जाता है ? और जब वे दिन-रात श्रम करके अपनी जीविका कमाते हैं तो उन्हें श्रम के विनिमय में मिलता क्या है ? केवल अपमान और प्रताड़ना । उनका अपना क्या है ? क्या वे स्वयं को जीवित कह सकते हैं ? कितना बड़ा मूल्य चुकाना पड़ता है व्यक्ति को मगध में रहने का ? क्या यही राज्य-व्यवस्था थी महापद्म की जिनका वंशज यह नन्द स्वच्छन्द, अनाचारी और अनुदार हो गया ! मेरे किसी प्रश्न का उत्तर दे सकेंगे आप ?''

और चाणक्य उनकी ओर देखता इससे पहले ही वे लोग धीरे-धीरे खिसक गए ।

एक वयोवृद्ध ने, जो उन सबसे पीछे आ रहा था, चाणक्य से कहा, ''ब्राह्मण ! तुम किस उद्देश्य से आए हो यह तो मैं नहीं जानता लेकिन अगर कोई संकल्प लेकर आए हो तो इतना कहूंगा कि नन्द से कोई अपेक्षा मत करना । यह दुष्ट और दुराचारी है । हम तो बूढ़े हो गए हैं, अब इस उम्र में कहां जाएं भिक्षा मांगने, शरीर साथ नहीं देता लेकिन तुममें लगता है कि अभी कुछ करने की इच्छा है । तो तक्षशिला ही लौट जाओ, वहां कम से कम महाराज पर्वतेश्वर पुरु के संरक्षण में तुम्हें कोई कष्ट तो न होगा । यहां तुम्हारी बात कोई नहीं

सुनेगा । तुम्हें कुछ नहीं मिलेगा ब्राह्मण !''

''लेकिन हे आर्यश्रेष्ठ ! मैं कुछ मांगने नहीं आया, मैं तो केवल यह जानने आया हूं कि महामंत्री शकटार और सेनापति मौर्य का क्या हुआ ? कहां गए ये लोग ? मैंने सुना है कि महाराज ने इन्हें बन्दी बना लिया है और...''

''लेकिन यह तुम क्यों पूछ रहे हो ? तुम कौन हो ? अपना परिचय दोगे ?''

''आपने पूछा है तो अवश्य बताऊंगा । मैं कुसुमपुर के एक विपन्न ब्राह्मण चणी का पुत्र हूं । मेरा नाम मेरे पिता ने चाणक्य रखा था और पंडितों ने विष्णुगुप्त । आप मुझे किसी भी नाम से पुकार सकते हैं । मैंने महाराज नन्द के राज्य कोष से ही वृत्ति पाकर तक्षशिला में विद्याध्ययन किया और वहीं मैं आज भी आचार्य के रूप मैं कार्य कर रहा हूं ।

''शिक्षा ग्रहण करने के बाद मेरी यह अभिलाषा थी कि मैं एक बार अपने घर अपने माता-पिता से मिल आऊं । बहुत समय से मुझे यहां का कोई समाचार नहीं मिला था इसलिए जब मैं कुसुमपुर पहुंचा तो मैंने वहां एक अच्छे-खासे गांव को मरघट में बदले हुए पाया ।''

''वत्स ! मैं चणी को जानता हूं । उसे मैंने बहुत समझाया था लेकिन उस पर देशभक्ति का भूत सवार था । वह जन-सुधार करना चाहता था और इसीलिए अपने महाराज के खिलाफ आवाज उठाई ।

''तुम शायद नहीं जानते, मौर्य सेनापति और महामंत्री शकटार को महाराज नन्द ने पदच्युत करके राजद्रोह के आरोप में बन्दीगृह में डाल दिया और उनकी मृत्यु की घोषणा करवा दी । चणी को राजा का यह अत्याचार असह्य हो गया । उसने सीधे महाराज से उनके अत्याचारी व्यवहार के प्रति विरोध प्रकट किया; यहां तक कि प्रजा में उनके खिलाफ प्रवाद फैलाया । महाराज ने उसे समझाने का प्रयास किया लेकिन वह तो हठी था इसलिए उस पर किसी का कोई प्रभाव नहीं पड़ा । क्रोधित महाराज ने उसे मगध से निर्वासित कर दिया ।''

''यह पूरी कहानी मैं सुन चुका हूं ब्राह्मण देव ! मैं तो यह जानना चाहता हूं कि महाराज नन्द ने शकटार और सेनापति मौर्य को किस अपराध में बन्दी बना लिया है और जिस भोग-विलास में प्रजाहित को भूले हुए हैं, यह सब अस्थायी है । स्थयी तो व्यक्ति का धर्म होता है । जो प्रजा उन पर विश्वास करती है, उसके हित को महाराज को दांव पर लगाने का क्या अधिकार है ?''

''मैं समझता था और मैंने तुम्हारे चेहरे को पढ़ लिया था कि तुम जरूर

कोई संकल्प करके आए हो । हमें क्षमा करना वत्स ! हमारे पास तुम्हारे प्रश्न का कोई उत्तर नहीं । हम तो डूबते हुए तारागण हैं । ईश्वर करे कि तुम उदय होते सूर्य के समान चमको । आज रविवार है, तुम स्वयं महाराज से मिल लो ।''

और यह कहकर वह ब्राह्मण चले गए ।

❑❑

नन्द के राजदरबार से बाहर आने वालों की भीड़ लगी हुई थी । हर व्यक्ति महाराज से मिलने के लिए उत्सुक था, पहरेदारों से अनुनय-विनय कर रहा था और पहरेदार किसी को झिड़ककर, किसी पर जोर आजमाते हुए उन्हें केवल एक भीड़ की तरह देख रहे थे ।

कितना सुन्दर कक्ष था ! बड़े-बड़े विशाल स्तम्भ, छत की चित्रकारी और बौद्ध स्तूपों की सौंदर्य छवि देखकर चाणक्य को लगा कि यह राजा सुन्दरता का प्रेमी तो है ही, साथ ही कला का प्रेमी भी है ।

अभी ब्राह्मण चाणक्य यह सब देख ही रहे थे कि उन्हें अपने पास से गुलाब की एक तेज गन्ध-सी आई । अपने भव्य सौंदर्य से वातावरण को गुंजित करती एक चपल सुन्दरी भीतर राजभवन में प्रविष्ट हुई ।

कोई नहीं जानता था कि भीतर महाराज के निजी कक्ष में क्या हो रहा है लेकिन जो प्रतिहारी स्त्री थी वह यह रहस्य जानती थी ।

अपने कक्ष में महाराज नन्द आमोद-प्रमोद में व्यस्त थे । किसी नारी की अलकावलिंया, किसी की ठोड़ी, किसी के कपोल और किसी के नेत्रों पर हाथ फिराते हुए और किसी-किसी की कटि को अपनी बांहों में समेटे हुए उन्मत्त प्यालों से मदिरा छलका रहे थे और ऐसा लग रहा था मानो यहां वसन्त उत्सव मनाया जा रहा हो ।

अभी कुछ क्षण पहले जो सुन्दरी गई थी वह फिर लौटी ।

चाणक्य ने उसे रोककर कहा, ''देवी ! क्या महाराज नन्द से मिलने का अवसर मिलेगा ?''

''इसके लिए तो तुम्हें कुछ देर ठहरना पड़ेगा ब्राह्मण ! महाराज अभी अपने निजी कक्ष में हैं ।''

''यह तो उनके प्रजा से मिलने का समय है ।''

''वे महाराज हैं और अपने समय के स्वयं निर्धारणकर्ता हैं । तुम ठहरो ।''

और यह कहते हुए वह सुन्दरी फिर भीतरी कक्ष में चली गई ।

चाणक्य खड़े-खड़े सोच रहे थे कि यह मगध सम्राट का राजदरबार है या किसी नगर की मधुशाला ! यहां चारों ओर उन्माद ही उन्माद है । सब लोग या तो स्त्री स्वभाव में ढल चुके हैं या फिर साक्षात् स्वयं स्त्रियां ही हैं । गिने--चुने पुरुष ही इधर-उधर दिखाई पड़ रहे हैं ।

विलासता का ऐसा तांडव तो कहीं नहीं देखा । धर्म का पालन करने वाला राजा इतना व्यसनी ! क्या होगा मगध का ?

महाराज पद्म का जारज पुत्र यह नन्द ! इसने तो सारी कूटनीति और शस्त्रबल को ताकपर रखकर केवल सुरा-सुन्दरियों को ही राज्य का मूल धर्म बना लिया है ।

यह सिद्धान्तहीन नृशंस कभी ब्राह्मणों का पक्षधर, कभी उनका विरोधी और बौद्ध भिक्षुओं का पक्षपाती हो जाता है । जैसी सुविधा होती है वैसा ही इसका न्याय हो जाता है ।

यदि यह दशा है तो मगध के सैन्यबल का क्या होगा ? पश्चिम दिशा में सिकन्दर अपना आक्रमण करने को तैयार है । वह सिन्धु नदी के दूसरी ओर आना ही चाहता है अपनी विशाल सेना के साथ । यदि वहां वह अपने प्रभाव को जमा लेगा तो उसका दूसरा लक्ष्य अवश्य ही मगध होगा ।

तब मगध कैसे रक्षा कर पाएगा अपने अस्तित्व की !

और मूर्ख जनता धर्म की ओट में नचाई जा रही है । उसे केवल आजीविका चाहिए । शासन चाहे कोई भी हो, वह तो सारी विपत्ति को ईश्वर की दी हुई मानकर सह लेती है सारे कष्ट ।

जन-चेतना का कितना अभाव है यहां ! कहीं कोई जागरूकता नहीं, न अस्तित्व के लिए, न राष्ट्र के लिए, न धर्म के लिए और न संस्कृति के लिए ।

अब तो सारा ध्यान नृत्यांगनाओं की पायल की छनक में और उनके मांसल शरीरके उतार-चढ़ाव में सीमित होकर रह गया है। कितने विनाश का संकेत है यह ! क्या विकल्प हो सकता है इसका ? इस राजा को तो पाठ पढ़ाना बहुत आवश्यक है ।

क्या सोचकर चला था चाणक्य तक्षशिला से और क्या देख रहा है यहां ! चारों तरफ केवल दम्भ मात्र है । मगध जैसे शक्तिशाली राष्ट्र का अपमान कोई इस तरह ऐसे कब तक कर सकता है !

जन साधारण अपने अधिकारों के प्रति सोया हुआ है । विलासिता का तांडव नृत्य हो रहा है । किस अधोगति को पहुंच गया है यह राष्ट्र जहां कभी

महापद्म जैसे राजा राज्य करते थे !

भीतर से एक आवाज आती है, "लौट जाओ चाणक्य !"

"कैसे लौट जाऊं ? राष्ट्रभूमि मां होती है । तो क्या मां के वस्त्रों को इस प्रकार एक राक्षस के हाथों नोंचे जाने को अनदेखा कर दूं ?"

तभी उसके कानों में भनक पड़ी–

"राजाधिराज मगध सम्राट, महाराज नन्द पधार रहे हैं ।"

और कुछ ही देर में वह नन्द के सम्मुख था ।

"आओ ब्राह्मण ! तुम गुरुकुल की शिक्षा पूरी करके मगध लौटे हो । मगध तुम्हारा स्वागत करता है और मैं समझता हूं कि तुम मगधके सम्मान की रक्षा करोगे

"मैं...."

"मैं जानता हूं, परिचारिका ने मुझे बता दिया है, तुम हमारे राज्याश्रित ब्राह्मण चणी के पुत्र हो विष्णुगुप्त ।"

"मेरा नाम चाणक्य भी है ।"

"जानता हूं ।"

"महाराज ! मैं तक्षशिला से अपनी शिक्षा पूरी करके यहां लौटा हूं । मगध का मस्तक ऊंचा करके । उसी गुरुकुल में मुझे आचार्यत्व मिला है लेकिन मैं देख रहा हूं कि यहां का रंग-ढंग काफी बदल गया है ।"

"तुम कहना क्या चाहते हो ?"

"यही कि बौद्ध धर्म की शिक्षा मानव व्यवहार के लिए सम्पूर्ण नहीं है, भले ही संघ व्यवहार में रहने वाले उसे उपयुक्त मानें परन्तु शस्त्र शिक्षा की अवमानता करके हम आने वाले संकट से नहीं निबट सकते ।"

"तुम किस संकट की बात कर रहे हो ?"

"जो आपको नहीं दिखाई दे रहा ।"

"तुम्हें दिखाई दे रहा है ?"

"हां, मैं देख रहा हूं । यवनों की सेना पर्वतमाला तक पहुंच गई है । गांधार नरेश उसके आने के संकेत से चिंतित हैं । अकेला पर्वतेश्वर कहां तक रोक पाएगा उन्हें ? और यदि पर्वतेश्वर की पराजय हुई और यवन सेना बढ़ती हुई मगध तक आ गई तो समूचा आर्यावर्त म्लेछों के अधिकार में आ जाएगा । तब ये सुन्दर रमणियां और आपकी सुरा का आनन्द उतर चुका होगा । ये नग्नवस्त्रा अपने वस्त्र ढूंढ़ती हुइ इधर से उधर भागेंगी और आप नशे में अपने पहरियों को

पुकारते रह जाएंगे । मगध का गौरव धूलि-धूसरित होकर रह जाएगा ।''

इससे पहले कि महाराज कुछ कहते, मंत्री राक्षस ने कहा, ''अरे मूर्ख ब्राह्मण ! क्या तुझे अपनी मृत्यु का भय नहीं ? जो जी में आ रहा है वह बोले जा रहा है । लगता है कि तू अधिक पढ़ लिख गया है ।''

चाणक्य सोचने लगा, उससे कहीं भूल हुई है । वह यह सब कहने तो नहीं आया है ।

नन्द ने कहा, ''तुम क्या कर सकते हो ?''

''महाराज ! आपने जो ब्राह्मण नाश का विचार बनाया है, राष्ट्र-हित में उसका पीत्याग कर दीजिए, क्योंकि राष्ट्र का शुभचिंतन केवल ब्राह्मण ही कर सकते हैं । इन बौद्ध भिक्षुओं की जमात को हटाकर शुद्ध, तपस्वी ब्राह्मणों के आश्रम स्थापित कराइए और युवा पीढ़ी को शस्त्र विद्या से शिक्षित कराइए ।''

''जीव हत्या से डरने वाले ये बौद्ध सिर पर मंडराने वाली विपत्ति से आर्यावर्त की रक्षा नहीं कर पायेंगे, ये तो केवल स्थविर में बैठकर समाधि ले लेंगे ।''

''ब्राह्मण ! तुम बहुत वाचाल हो रहे हो ।''

''और तुम भोग-विलास में लिप्त ।''

''मेरे राज्य में रहकर, मेरी वृत्ति से पलकर बड़े होकर आज तुम मुझे मर्यादाहीन भाषा से सम्बोधित कर रहे हो । आखिर हो तो उसी मूर्ख पिता की संतान, जिसने अच्छे-भले जीवन में कुल्हाड़ी मारकर मगध से निर्वासित होने का दण्ड पाया था । राज्य के विरुद्ध बोलने का दण्ड जानते हो ? महामंत्री शकटार और मौर्य सेनापति के परिणाम से भी परिचित हो या नहीं ? वे आज अंधेरी कोठरी में बन्दी बने अपनी मृत्यु की घड़ियां गिन रहे हैं और तुम्हारा पिता.....''

''बस कर मूर्ख राजा ! तू समझता है तू भाग्य का निर्माता है । जिसके पग संभलकर नहीं चलते वह किसी राष्ट्र को क्या चला सकता है ।''

''अरे कोई है ? बन्दी बना लो इसको ।''

''तुम मुझे बन्दी बनाओगे ? सम्राट नन्द ! मैं ब्राह्मण हूं, भिक्षा मेरी वृत्ति है, मैं तो केवल राज्य की दुर्गति को देखकर तुमसे यह कहने आया था कि देश पर यवनों का आक्रमण होना ही चाहता है और यदि इसके लिए सशक्त सैन्यबल का आश्रय न लिया गया तो यवनों की सेना पूरे आर्यावर्त को अपने घोड़ों की टापों के नीचे रौंद देगी । उस समय ये बौद्ध भिक्षुक कायर सिद्ध होंगे ।''

''चुप रहो चणी के पुत्र ! तुम एक विद्रोही की सन्तान हो ।'' फिर नन्द

ने प्रहरियों की ओर देखते हुए कहा, ''देखते क्या हो ? शिखा पकड़ कर इस ब्राह्मण को दरबार से बाहर कर दो । हमारे ही दरबार में हमारा अपमान कर रहा है ।''

प्रतिहारी ने सैनिकों की सहायता से ब्राह्मण चाणक्य को पकड़ लिया और एक सैनिक ने ब्राह्मण की चोटी पकड़ कर खींची ।

अपनी लाठी और कमण्डल तथा उपवस्त्र सम्भालते हुए चाणक्य गिरते हुए,सम्भल कर एक बार फिर खड़ा हो गया । उसका शरीर कांप रहा था मानो हृदय में भयानक तूफान मचल रहा हो ।

''तुमने इस भरे राजदरबार में मेरी शिखा खोली है । मैं शपथ लेकर कहता हूं दुष्ट नन्द ! यह शिखा तब तक खुली रहेगी, जब तक तेरे वंश का समूल नाश नहीं हो जाता । अब मैं शिखा तेरे वंश का नाश करके ही बांधूंगा ।''

दरबार में उपस्थित सभी लोग चाणक्य की यह घोषणा सुनकर स्तब्ध रह गए लेकिन दुष्ट, चाटुकार अट्टहास करने लगे ।

अब चाणक्य को यह समझने में लेशमात्र भी देर नहीं हुई कि इस दुष्ट नन्द ने अपनी विलासिता की उन्मत्तता में पूरे राज्य के भविष्य को दांव पर लगा दिया है । फिर भी इसका उपाय करना होगा अन्यथा समूचा आर्यावर्त और उसका भविष्य संकट में पड़ जाएगा ।

महामंत्री राक्षस ने चाणक्य को शिखा से पकड़ते हुए दरबार से बाहर ढकेलने का आदेश दिया ।

क्रोधित नन्द अब दरबार में एक पल भी न ठहर सका और अपने भीतरी कक्ष में चला गया । उसके साथ उसकी रमणीय स्त्रियां चशक के प्याले लेकर प्रस्तुत हो गईं ।

नन्द विलास में डूब गया । उसे चाणक्य द्वारा दिखाए गए आगामी संकट का लेशमात्र भी भय नहीं था ।

और चाणक्य सोच रहा था, इस राष्ट्र-राज्य का क्या होगा ? इसका राजकोष व्यसनों पर खर्च हो रहा है । यहां कोई नहीं समझ पा रहा था कि क्या न्याय है और क्या अन्याय ?

इन सबसे अलग नन्द की पुत्री सोच रही थी, उसके पिता ने आज एक ब्राह्मण के साथ यह क्रूर कर्म करके बड़ा अनर्थ किया है । प्रश्न शाप का नहीं, प्रश्न उस दृष्टि का है, पिता ने उसकी उपेक्षा कर डाली । और यह तो बिलकुल सही है कि यदि यवनों का आक्रमण हो गया तो किसी प्रकार भी राजसिंहासन

की रक्षा नहीं हो पाएगी ।

यह सोचते हुए महाराज नन्द की पुत्री स्वयं प्रयास करने के भाव से अपने पिता के निजी प्रकोष्ठ में गई लेकिन वहां का दृश्य देखकर वह शर्मिंदा हो गई और एक भी शब्द नहीं बोल पाई । नन्द को तो शायद अपने उन्माद में यह ज्ञान भी न रहा हो कि उसकी अपनी पुत्री उसे इस विकृत रूप में देख गई है ।

चाणक्य बाहर खड़ा था । अभी भी वह राजदरबार के बाहर ऊंचे परकोटे देख रहा था कि कितनी तेजी से खोखली होती जा रही हैं इनकी जड़ें । ये बड़े भवन आंधी का एक झटका भी सहन नहीं कर पायेंगे । कोई न कोई प्रयास तो करना ही होगा । रोकना ही होगा इस विनाश को ।

अपनी ही धुन में चाणक्य सोच रहा था—अब समय आ गया है, तुम्हारी धर्मांधता से संचालित यह राजनीति की आंधी अब तुमसे नहीं रुक पाएगी । मानो स्वयं में उत्तेजित होकर चाणक्य ने कहा, "रे नन्द ! तेरे वंश का अब समूल नाश होगा, नियति को तू नहीं टाल पाएगा । समय आ गया है, शूद्र राज्य सिंहासन से हटाए जाएं और किसी क्षत्रिय को इस पर बैठाया जाए ।"

अट्टहास करते हुए चाणक्य ने कहा, "रे दासी पुत्र ! तुझसे मगध और अपेक्षा भी क्या कर सकता था ?"

अकस्मात् चाणक्य का हाथ अपनी शिखा पर जाता है ।

क्रोध में उत्तेजित होकर उसके मुंह से यही आवाज निकलती है– "तू ने ब्राह्मण की शिखा खींची है दुष्टराज ! ब्राह्मण की शिखा । तू शूद्र के अन्न से पला हुआ कुत्ता है। प्रहरी ! तेरा राजा अब कुछ ही दिनों का मेहमान है । अब देख, सर्पिणी के समान खुली हुई यह शिखा किस प्रकार तेरे वंश को डसती है ।"

और उसे शाप देते हुए चाणक्य राजमहल से लौट आया । उसके अन्तर में अब केवल अपनी ही वाणी गूंज रही थी–"यदि मैं सच्चा ब्राह्मण हूं तो हे राजा नन्द ! मैं तेरे राज्य को नष्ट करके ही चैन लूंगा ।"

आकाश से सूर्य अभी विदा नहीं हुआ था । अभी भी किरणें आकाश में अपने पूरे प्रभाव के साथ जगमगा रही थीं ।

चाणक्य अभी कुछ दूर ही आगे बढ़ा था । उसके पैरों में जलती हुई अग्नि की तपन तलुओं को जला रही थी और मस्तिष्क में तेज आंधियां चल रही थीं । इस समय उसे न अपने शरीर की चिन्ता थी न दुनिया की ! वह सबको भूलकर आगे बढ़ा चला जा रहा था ।

लेकिन कहां जा रहा था, यह तो उसे भी मालूम नहीं था ।

अचानक एक नुकीले कुश ने चाणक्य के पैर में गड़कर उसकी गति को रोक दिया । तलुवे में चुभे कुश के कांटे से लहु निकल आया था ।

तब उसने देखा कि वह तो मार्ग से खेतों की ओर होता हुआ कुश के जंगल में पहुंच गया है ।

क्रोध में भरकर और झुंझलाकर चाणक्य ने खेत की मेंढ़ पर बैठकर अपने पैर में गड़े हुए उस कुश को जोर से खींचकर निकाला । हाथ में आई वह खोप कुश की थी । अब उसे चारों ओर कुश ही कुश दिखाई देने लगे ।

चाणक्य के हृदय में अब एक दूसरी आंधी चल पड़ी । यह शस्य-श्यामला धरती जो हरेभरे खेतों से लहलहाने की क्षमता रखती है, इसमें कुश पैदा हो रहे हैं

तो इसका अर्थ यह हुआ कि नन्द वंश से पहले मुझे कुश के वंश को नष्ट करना होगा ताकि वह फिर कभी न पनप सके ।

यह विचार आते ही चाणक्य दौड़ता हुआ पास ही की बस्ती में गया और एक गृहणी से उसने एक घड़ा मट्ठा मांगा ।

चाणक्य के पास तो मट्ठा लेने के लिए पात्र भी नहीं था इसलिए उसी घर से घड़ा भी मांगा । और घड़ा भरकर मट्ठा लिए वह उसी जगह वापस लौटा जहां उसे कुश का कांटा चुभा था ।

घड़े को एक किनारे पर सहेज कर रखकर चाणक्य ने अपने मजबूत हाथों से कुश के समूह को उखाड़ कर फेंकना शुरू कर दिया और बाद में उन गड्ढों में मट्ठा डाल दिया । वहीं पास में चाणक्य के इस कृत्य को जब एक वृद्ध ने देखा तो वह जोर से हंस पड़ा ।

चाणक्य ने अपने पास इस हंसी को उभरा देखकर जब चौंक कर दृष्टि घुमाई तो अपने सामने एक वृद्ध ब्राह्मण को खड़े पाया ।

अब चाणक्य की आंखें क्रोध से लाल हो उठीं । वह उस ब्राह्मण को घूरते हुए बोला–"तुम ही हो जिसने मुझे नन्द के राजमहल में जाने की प्रेरणा दी थी ।"

"हां, मैं ही हूं । क्यों, धन नहीं मिला ?"

और यह कहते हुए वह ब्राह्मण जोर से फिर हंस पड़ा ।

चाणक्य उसकी यह अकारण हंसी देखकर और स्वयं को अपमानित समझकर उत्तेजित हो गया । क्रोध में कांपते हुए उसने कहा, "तुम हंस रहे हो ! मेरे अपमान पर हंस रहे हो । जानते नहीं मेरा नाम चाणक्य है ।"

"तुम्हें भी जानता हूं और तुम्हारे पिता को भी जानता हूं और जिस राजा के पास मैंने तुम्हें भेजा था, उसे जानते-जानते बूढ़ा हो गया हूं। मेरी पत्नी, मेरी पुत्रवधु और मेरी पुत्रियां सभी नन्द की वासना के कूप में डूब चुकी हैं, जिनका आज कहीं नाम बाकी नहीं है।" और फिर उस ब्राह्मण ने अपना ऊपरी वस्त्र हटाकर अपनी पीठ दिखाते हुए कहा, "ये जो निशान हैं, ये न्याय मांगने का परिणाम हैं, जिन्हें सहेजकर आज भी रखे हुए हूं।

"यदि ये निशान तब तुम्हें दिखाता तो तुम विश्वास नहीं करते वत्स ! और न तुम्हारे मन में यह भाव जागता जो अब जागा है।

"मैं तुमसे तब भी नहीं कहता अगर अपनी आंखों से तुम्हें कुश की जड़ में मट्ठा डालते न देखता। कुश की जड़ में मट्ठा वही डालता है जो मन में कर्म का संकल्प लेता है और मुझे विश्वास है कि जो व्यक्ति कांटों की, कुश की जड़ में मट्ठा डालकर उसे समूल नष्ट करता है, ताकि इस धरती पर कभी कुश न उग सके वही व्यक्ति संकल्प लेता है–नन्द जैसे दुराचारी राजा के वंश का भी नाश कर सकता है। अपने क्रोध रूपी मट्ठे को दुराचारी की जड़ों में डालकर उसे सिंहासनच्युत कर सकता है।

"मैं हंसा तो तुम्हारे पागलपन पर था लेकिन उसमें तुम्हारा क्रोध देखकर मुझे तुम पर विश्वास हो आया लेकिन ब्राह्मण होकर तुमने शिखा क्यों खोल रखी है ?"

चाणक्य को यह आशा नहीं थी इसलिए उसने कहा, "ब्राह्मण होकर तुम कैसी अटपटी बातें करते हो, कभी हंसते हो, कभी वत्सल भाव दिखाते हो और कभी संकेतों से मुझे अपमानित करते हो।"

"तुम्हें भ्रम हुआ है वत्स। मैं तो यह जानता हूं कि तुम जब यहां से गए थे तो तुम्हारी शिखा बन्धी हुई थी और अब खुली हुई है। क्या इस बीच कोई परिवर्तन हुआ है ?"

ब्राह्मण की बात में जिज्ञासा भाव देखकर चाणक्य ने नन्द के राजदरबार की सारी घटना सुनाते हुए कहा, "मैंने प्रतिज्ञा की है कि जब तक नन्द के वंश का समूल नाश नहीं कर दूंगा तब तक शिखा नहीं बांधूंगा।"

"प्रभु तुम्हारा संकल्प पूरा करें चाणक्य !" और यह कहते हुए एक बार फिर खिलखिलाता हुआ वह ब्राह्मण अंधेरे में विलीन हो गया।

चाणक्य सोचने लगा, कौन था यह ब्राह्मण जो आंधी की तरह आया और उसके मन में तूफान उठाकर चला गया ?

चाणक्य उस ब्राह्मण को तो नहीं जान पाया लेकिन जब उसने नीचे दृष्टि घुमाई तो जिन जड़ों में उसने मट्ठा डाला था, वे अब कुम्हलाकर काली पड़ गई थीं । मानो मट्ठे के तत्व ने उनकी सारी कठोरता हर ली थी । अब उनमें चुभने लायक शक्ति नहीं रही थी ।

लेकिन कुश की जड़ों को समूल नष्ट करने के लिए तो वह मट्ठा मांग लाया और जड़ें उखाड़कर उसने गड्ढे में मट्ठा डाल दिया और कुश की सारी नुकीली चुभन शान्त कर दी किन्तु मगध के इस सम्राट की नोकों को वह किस युवक रूपी मट्ठे का प्रयोग करके उसे समूल नष्ट कर पायेगा ?

वह तो अकेला है और एक अकेला इतने बड़े साम्राज्य और उसकी शक्ति का बिना सैन्य-बल के कैसे सामना कर पायेगा ?

अब चाणक्य की दुविधा यही थी कि कोई ऐसा युवक मिले जिससे वह अपने संकल्प को पूरा कर सके ।

चाणक्य के मन में अब यही भाव बार-बार उठ रहा था कि नन्द का विनाश किस प्रकार हो, कैसे बचाएगा वह आर्यावर्त को, कैसे सुरक्षित रख पायेगा नारी का सम्मान कि वे वीर पुत्र की जननी भी हैं, केवल सेज पर की सामग्री नहीं ।

अब चाणक्य को चैन नहीं था । नन्द का किस तरह विनाश हो, यही उसकी चिन्ता का विषय था और वह चला जा रहा था, अब भी लक्ष्य प्राप्ति के लिए साधन की जुगत में ।

नन्द एक राजा था और चाणक्य एक गरीब ब्राह्मण । जब चाणक्य नन्द की अपार शक्ति की ओर दृष्टि दौड़ाता था तो उसका मन दु:ख और संशय से भर जाता था । वह सोचने लगता था कि कैसे कर पाएगा वह नन्द का विनाश ? कैसे जुटा पाएगा इतनी शक्ति, इतना सैन्यबल ताकि वह एक बड़े साम्राज्य की दुर्व्यवस्था को रोक सके और समूचे आर्यावर्त को एक निश्चित शासन दे सके ।

चलते हुए यकायक जहां चाणक्य पहुंचा, वहां एक पत्थर की शिला थी । निराश ब्राह्मण वहीं बैठ गया ।

पत्थर की शिला से उसका स्मृतिपटल खुल गया और वह फिर से अतीत के गहरे सागर में डूब गया । जन्म के कुछ दिन बाद ही तो ज्योतिषयों ने उसे बताया था कि वह बालक एक दिन अवश्य ही राजा बनेगा ।

ज्योतिषयों की यह भविष्यवाणी याद आते ही उसके सामने सारा दृश्य अपनी चित्रलिपि की तरह अंकित हो गया । उसके पिता ने इसी भविष्यवाणी

को दूर अतीत में सुनकर एक अज्ञात भय से उसके दान्त तोड़ दिये थे ।

भला कहां गाड़े होंगे पिता ने वे दान्त ? किससे पूछेगा वह ? जबकि किसी को उसके पिता का ही पता नहीं तो पिता ने वे दान्त कहां गाड़े हैं, यह कौन बता सकेगा ? तो क्या इसके लिए उसे निराश होना पड़ेगा ? आज यदि वे दान्त मिल जाएं तो मैं उन्हीं दान्तों से नन्द का चेहरा नोंच सकता हूं । खुद नहीं बैठना मुझे सिंहासन पर लेकिन कुपात्र को भी नहीं बैठने देना है ।

चाणक्य ने अपने उन दान्तों के खाली स्थान पर जीभ फिराते हुए सोचा–काश ! आज वे दान्त होते ।

तभी उसे ज्योतिषयों की दूसरी भविष्यवाणी याद आई–जब दान्त टूटने के बाद उन्होंने पिता से कहा था–"तुम बड़े मूर्ख हो चणी, जो विधाता के कार्यक्षेत्र में हस्तक्षेप कर दिया । अब जब तुमने दान्त तोड़ दिये हैं तो उनका कुछ न कुछ प्रभाव तो होगा ही इसलिए अब तुम्हारा यह बालक भले ही राज्य का स्वामी न बन सके लेकिन यह एक बड़े राज्य का निर्माता अवश्य होगा और इसे कोई नहीं रोक सकेगा ।"

यह संदर्भ याद आते ही चाणक्य के चेहरे पर आशा की किरण दौड़ गई और वह हर्ष मिश्रित भाव से स्वयं ही गुदगुदा उठा ।

"इसका अर्थ यह हुआ कि मैं नन्द के वंश का नाश करनें में सफल हो सकता हूं और मगध को एक विराट आर्यावर्त राज्य में बदलकर एक ऐसे व्यक्ति को सत्तासीन कर सकता हूं जो भारत की परम्परा और मर्यादा की रक्षा करते हुए प्रजा के हित में राज्य संचालन करे ।

इसका अर्थ यह हुआ कि अब मुझे एक सुपात्र की खोज में जुट जाना चाहिए ताकि मैं उसका स्वयं संस्कार करके उसे इस योग्य बना सकूं जो मेरी आकांक्षा और मेरे संकल्प को पूरा करने में सहायक हो ।

बहुत सोच-विचार करने के बाद चाणक्य ने यही उचित समझा कि ऐसे योग्य आदमी की खोज की जाए जो सर्वगुणसम्पन्न हो, संस्कारित हो, कुलीन हो, सचरित्र और धर्मपरायण हो, जो देश के शासन की बागडोर अपने हाथों में मजबूती से सम्भाल सके क्योंकि आज के वातावरण को देखते हुए, आकाश में छाए आक्रमणकारी बादलों के प्रभाव को देखते हुए निश्चय ही देश को एक ऐसे शासक की आवश्यकता है जो बिखरी हुई शक्ति को पारस्परिक विश्वास और स्नेह के धागे में गूंथकर सामूहिक हित की दशा में आगे बढ़ा सके ।

चारों तरफ अव्यवस्था ही अव्यवस्था है । गांधार नरेश अशक्त और वृद्ध हैं और उनका पुत्र राजकुमार आम्भीक उद्दण्ड और अविनीत है । पर्वतेश्वर शक्तिशाली अवश्य हैं लेकिन पारिवारिक कलह से ग्रस्त हैं । मालव अपनी सीमा में एकनिष्ठ होते हुए भी राष्ट्र भाव से वंचित हैं और मगध सबका नेता होकर भी नन्द जैसे दुराचारी के चंगुल में फंसा मानो कमल होकर भी कीचड़ से मुक्त नहीं हो पा रहा । ऐसे में क्या उपाय हो सकता है ?

पाटलिपुत्र का राजा दिन-रात सुख-सुविधाओं और भोग-विलास में डूबा हुआ सुरा और सुन्दरी के चक्रव्यूह में फंसा पड़ा है । पंचनद की ओर से बराबर आक्रमण हो रहे हैं और जो राज्य अशक्त और असमर्थ हैं या सामना करने का साहस नहीं जुटा पा रहे, वे शत्रु के साथ सन्धि करके उनका उत्कोच स्वीकार कर रहे हैं । ऐसे संकटकालीन समय में कौन क्षत्रिय वीर नायक की भूमिका निभा सकता है जो देश की रक्षा के लिए स्वयं को समर्पित कर सके ?

और सोचते-सोचते चाणक्य की दृष्टि अपने निजी अपमान से ऊपर उठकर देश रक्षा और देश कल्याण पर टिक गई ।

चाणक्य को तो यहां कुछ दिन ठहर कर पिता से मिलकर शीघ्र ही तक्षशिला लौटना था । यहां राज्य की स्थिति इस संकट की दशा में होगी इसका तो उसे अनुमान भी नहीं था । अब उसने निश्चय किया कि उसे कुछ न कुछ तो करना ही होगा । यही सोचते हुए उसने तक्षशिला जाने का कार्यक्रम स्थगित कर दिया । अब तो उसे पहले एक सुपात्र राष्ट्र नायक की सम्भावनाओं से युक्त एक साहसी क्षत्रिय युवक की खोज थी ।

चन्द्रगुप्त की खोज

दुर्भाग्य की बात थी कि भारतवर्ष जैसे राष्ट्र में ब्राह्मणों की उपेक्षा करके आपसी फूट और रंजिश पालते हुए कोई भी विदेशी आक्रमण के बारे में न तो चिन्तित था और न कोई उपाय कर रहा था । नैतिक शिक्षा और धर्म का मानो लोप होने लगा । जब ज्ञान का बिन्दु ब्राह्मण निर्माण के केन्द्र से हटा दिया गया और उसकी जगह चिन्तक और विचारिक के रूप में धर्मभीरु तथा स्थविरों में एकान्त साधना करने वाले बौद्ध भिक्षुओं को वरीयता दी जाने लगी तो चरित्र

निर्माण का प्रश्न पीछे छूट गया । भोग-विलास की प्रवृत्ति बढ़ गई । यदि क्षत्रिय युवक युद्ध से विमुख हो जाएंगे और साहस की जगह हथियार डालकर रणभूमि से पलायण कर जाएंगे तो किसी राष्ट्र-राज्य की अस्मिता की सुरक्षा का प्रश्न कहां रह जाता है ! अर्थ का दास मनुष्य आत्मगौरव को कहां सोच पाता है ? उसका स्वाभिमान तो नारी की कमर के केन्द्र भाग में सिमट कर रह जाता है । उसके यौवन के उतार-चढ़ाव पर दृष्टि फिसलाता हुआ वह राजा ही सुरा और सुन्दरी में डूब जाएगा तो किसके पास रह जाएगा विवेक, कौन करेगा इसका निश्चय ?

ज्ञान के अभाव में स्वार्थी समाज क्षुद्र राजनीतिक हथकण्डे अपना कर अपने-अपने सुख में लीन होकर सामूहिक उन्नति के प्रश्न पर कभी सोच पाएगा ?

नहीं, यह अंधकार छटेगा, यह दुर्दशा और अधिक सहन नहीं होगी । कोई न कोई उपाय तो करना ही होगा । क्या राष्ट्रीय भावना और मनु के आदर्श यूं ही व्यक्ति-अहंकार के तले दबकर नष्ट हो जाएंगे? क्या संस्कृति और धर्म की शिक्षा देने वाला भारत म्लेछों का गुलाम हो जाएगा?

नहीं, यह नहीं होगा । रोकना होगा इस अग्नि को प्रज्वलित होने से, अन्यथा इसमें समूचे राष्ट्र का अस्तित्व सदा-सदा के लिए नष्ट हो जाएगा ।

इन्हीं विचारों में डूबते-उतराते चाणक्य घर-जंगल की खाक छानते हुए हिमालय के समीप पिपली वन नाम के गांव में पहुंचे ।

गांव क्या था, दस-बीस घरों का एक जुड़ाव था । जहां चाणक्य खड़े थे, वहीं से देखा जा सकता था सारा गांव ।

चाणक्य को सन्तोष था कि चलो इतनी दूर चलकर आने पर एक गांव तो ऐसा मिला यहां कुछ उत्साही युवक राज्य की कुत्सित प्रवृत्ति से दूर उन्मुक्तता में खुले मन से एक-दूसरे के साथ बतिया रहे हैं ।

बालकों का शोर सुनकर चाणक्य वहां खड़े न रह सके और धीरे-धीरे उस वृक्ष के पास पहुंच गए जहां कई बालक उपस्थित थे ।

ये बालक आपस में राजा और प्रजा का खेल खेल रहे थे ।

सामने बने एक ऊंचे ढेर पर बैठा हुआ एक बालक राजा की भूमिका में अकड़कर बैठा हुआ था और उसके पास घेरा डाले दूसरे बालकों में कोई उसका मंत्री था और कोई सेनापति और कुछ बालक सैनिक बने हुए सजग खड़े थे ।

बालकों का नाटक चल रहा था । यह पूरा दृश्य एक राज-दरबार का-सा था जहां राजा की आज्ञा लेकर सैनिक अपराधियों को उपस्थित कर रहे थे ।

महामंत्री उनके अपराध बता रहे थे और सेनापति अपने सैनिकों की सहायता से उन्हें बन्दी बना रहे थे ।

चाणक्य आश्चर्य से खेल को देख रहे थे कि कितनी दबंगता से यह बालक प्रत्येक अपराधी के अपराध को सुनकर कुछ देर सोचता था, महामंत्री से पूरा विवरण प्राप्त करता था और उसके बाद अपना फैसला सुनाता था ।

इस राजा बने बालक का फैसला साधारण नहीं था, न अपराधियों के अपराध ही साधारण थे । यह बात दूसरी है कि ये लोग नाटक कर रहे थे लेकिन चाणक्य को लगा कि मानो वे एक क्षण-भर के लिए वास्तविक दरबार में खड़े हों ।

उन्होंने महसूस किया कि यदि ऐसा बालक युवा होकर अपने क्षत्रिय धर्म का पालन करते हुए राजसिंहासन पर अररूढ़ हो तो निश्चय ही अपने विवेक से यह मगध जैसे विशाल फैलाव वाले राज्य की सत्ता सम्भल सकता है ।

चाणक्य ने इस बालक के मस्तिष्क पर दृष्टि डाली ।

चाणक्य को थोड़ा ज्ञान ज्योतिष का भी था । यहां अपने उसी ज्ञान के भरोसे चाणक्य ने देखा कि वह जो बालक राजा बना बैठा है, इसमें वे सभी लक्षण विद्यमान हैं जो एक राजा और कुशल प्रशासक में होते हैं या होने चाहिएं ।

चाणक्य की उत्कंठा अब उस बालक के प्रति बढ़ गई । उसे लगा कि जैसे उसने अपनी खोज पूरी कर ली है ।

इसके बाद तो चाणक्य उस बालक को गौर से देखने लगा । ऐसे ही बालक की उसे तलाश थी और ऐसा ही बालक भारतवर्ष का सम्राट बन सकता है ।

चाणक्य के मन में भी नाटक को थेड़ा और बढ़ाने की बात जागी । वह हाथ जोड़ता हुआ महाराज बने उस बालक के आगे आकर कहने लगा–

''महाराज की जय हो ! महाराज की जय हो !!''

''तुम कौन हो ?'' राजा ने कहा ।

''मैं एक गरीब ब्राह्मण हूं महाराज । मेरा नाम चाणक्य है ।''

''क्या चाहते हो ?''

''बड़े दुःख से जीवन बिता रहा हूं । क्या आप कृपा करके मुझे कुछ दान में दे सकते हैं ?''

उस किशोर वय के राजा ने पहले चाणक्य की ओर देखा फिर कुछ सोचा और और उसी मुद्रा में मानो निर्णय का भाव बनाकर कहा, ''ये जो सामने गौएं चरते हुए देख रहे हो, जाओ मैं तुम्हें ये गाएं दान में देता हूं । जितनी

इच्छा हो गाएं अपने साथ ले जाओ ।''

''पर महाराज ! ये गाएं तो दूसरों की हैं । मैं इन्हें अपने साथ कैसे ले जा सकता हूं ? और यदि मैं इन्हें अपने साथ ले गया और गायों के स्वामियों ने मुझे दण्ड देकर इन्हें छीन लिया तो मेरा क्या होगा ? महाराज ! पाप का भागी और बन जाऊंगा गाएं चुराने के दोष में ।''

यह सुनकर तो बालक राजा की भौंहें तन गईं । वह क्रोध में भरकर उसी राजसी मुद्रा में बोला–''इस गांव में किसकी सामर्थ्य है जो महाराज चन्द्रगुप्त मौर्य के आदेश की अवहेलना कर सके ?''

चाणक्य ने जब सुना–चन्द्रगुप्त मौर्य, तो उसका माथा झन्ना उठा । उसके मस्तिष्क में मौर्य शब्द गूंजने लगा । बालक कह रहा था–''मैंने तुम्हें ये सारी गाएं दान तें दे दी हैं । यह क्षत्रिय का आदेश है ब्राह्मण ! जाओ, ये गाएं ले जाओ और अपना जीवन सुखपूर्वक बिताओ । यदि किसी ने तुम्हारी ये गाएं तुमसे छीनने का प्रयास किया तो मां कसम–मेरी तलवार तुम्हारी रक्षा करेगी ।''

और देखते ही देखते उस राजा ने खड़े होकर तलवार निकाल ली और कहा–''यह मेरी तलवार तुम्हारी रक्षा करेगी ब्राह्मण । तुम शायद नहीं जानते, मेरे पिता कहा करते थे–जिस राज्य में ब्राह्मणों का सम्मान नहीं हो अथवा कोई ब्राह्मण राज्य से बिना भेंट के खाली लौट जाए, समझो उस राज्य के अस्त का समय समीप है ।''

''अरे ! यह इतना छोटा-सा बालक और इतनी बड़ी-बड़ी बातें !'' चाणक्य की आंखों से खुशी के आंसू ढुलक पड़े । वह मन ही मन सोचने लगा–जिसकी खोज में वह दूर-दूर भटका, आज उसे वह रत्न मिल गया । चाणक्य के हर्ष की सीमा न रही ।

चाणक्य को इस प्रकार हतप्रभ देखकर बालक चन्द्रगुप्त ने कहा–

''क्यों, चुप क्यों हो गए ब्राह्मण चाणक्य ? क्या मेरे कथन में तुम्हें कोई असत्यता लग रही है ? विश्वास रखो, मैं मिथ्या नहीं कह रहा हूं । ये सभी गांववासी मुझे ही अपना राजा मानते हैं । ये सभी गण मेरे सहायक हैं ।'' चन्द्रगुप्त ने यह कहते हुए अपने साथियों की ओर लक्ष्य किया ।

अब चाणक्य ने कहा–''नहीं वत्स ! मुझे तुम्हारे कथन में लेशमात्र भी मिथ्या का अनुभव नहीं लगा । तुम्हारी वीरता देखकर मैं आश्चर्य में अवश्य पड़ गया था क्योंकि पाटलिपुत्र से मैं निराश लौटा हूं ।''

''क्यों ? क्या वहां राजा ने तुम्हें दण्ड नहीं दिया ?''

आश्चर्य में चाणक्य ने कहा–"क्यों, दण्ड क्यों ?"

"वह राजा नन्द थोड़े ही है, वह तो राजा दण्ड है। उसी ने तो मेरे पिता को दण्ड दिया था।"

फिर उत्साह में भरकर बालक ने कहा–"जानते हो ब्राह्मण, मेरे पिता...."

"ठहर जा, तुझे मैं बताती हूं।" एक नारी स्वा उभरा और चन्द्रगुप्त की बात बीच में ही रह गई।

"मां, मैं इन्हें बता रहा था....."

"चुप कर मेरे लाल !" और यह कहते हुए मां ने उस बालक को अपने अंक में छिपा लिया।

"तुम इसकी बात पूरी होने दो देवी ! इसे रोको मत।"

"यह मेरा एकमात्र जीवन का सहारा है। यह मूर्ख है तो क्या मैं मां हाकर इसे मूर्खता करने दूं ?"

"तुम मां होकर इसे मूर्खता न करने दो, यह तो मैं भी चाहता हूं।" चाणक्य ने कहा, "लेकिन यह जो कह रहा है, क्या यह मूर्खतापूर्ण बात है ? यह तो सुनने पर ही निर्णय हो सकता है। और जैसा कि यह संकेत दे चुका है और यदि यह सही है तो मैं निश्चय से कह सकता हूं कि यह मगध के सेनापति मौर्य का पुत्र है। बोलो देवी ! क्या तुम सेनापति मौर्य की पत्नी नहीं हो ?"

वह स्त्री कुछ बोलती इससे पहले ही चाणक्य ने कहा–"ठहरो, पहले मैं तुम्हें अपना परिचय देता हूं। तुम शायद संकोच कर रही हो।

"सुनो ! हम सब एक त्रिकोण बनाते हैं, जिसका पहला कोण सेनापति मौर्य से शुरू होता है। मगध के महाराज नन्द ने जिस प्रकार अनैतिक आचरण करके अपने सेनापति को पदच्युत करके बंदीगृह में डाल दिया था, यह कहानी का एक सूत्र है। सारा मगध चुप था क्योंकि इस अनैतिक कर्म से कोई भी व्यक्ति सीधे आने वाले संकट को नहीं भांप सकता था। इसीलिए इसे केवल अपने राज्य-कर्मचारी में अविश्वास का कारण जानकर प्रजा चुप रह गई।

"महामंत्री शकटार ने इसका विरोध किया, वैसे शकटार पहले भी राजा के कोप का भाजन बन चुका था लेकिन जब सेनापति मौर्य को महाराज नन्द ने बन्दी बनाकर अंधेरी कोठरी में डाल दिया तो शकटार का मानव मन यह सहन न कर सका और उसने भरी सभा में राजा की अवमानता करते हुए अपना त्यागपत्र प्रस्तुत कर दिया। इस से चिढ़कर उस दम्भी राजा ने मंत्री शकटार को

परिवार सहित बन्दी बना लिया और वध का आदेश दे दिया ।

"यह दूसरा कोण था देवी ! और एक तीसरा कोण भी था, ब्राह्मण चणी का जिसने राजा की दी हुई ब्रह्मवृत्ति लौटा दी और सारी जनता में यह समाचार आग की तरह फैला दिया कि यह राजा पापी है, अत्याचारी है, अन्यायकारी है । यह निर्दोषों को दण्ड देता है, इसे सत्ता में रहने का कोई अधिकार नहीं ।

"महाराज को जब ज्ञात हुआ कि ब्राह्मण चणी विक्षिप्त हो गया है तो पहले उन्होंने उसे बड़े स्नेह से अपने सैनिकों द्वारा लोभ देकर अपने समीप बुलवाया लेकिन वह तो फक्कड़ ब्राह्मण था, स्वार्थ तो उसने कभी जाना ही नहीं था, उसने राजा का यह उत्कोच स्वीकार करने से स्पष्ट मना कर दिया और बुरा-भला कहते हुए यह बताया कि एक दिन उसका विनाश होगा । और वह ब्राह्मण राजा का कोपभाजन हो गया ।

"उस अनाचारी नन्द ने चणी को मगध से निष्कासित कर दिया ।" और फिर एक लम्बी सांस लेते हुए उसके मुख से केवल यही निकला कि "पता नहीं अब वे कहां होंगे ?"

चन्द्रगुप्त की मां ने जब चाणक्य के मुंह से यह सब सुना तो वह हक्की-बक्की रह गई और आपे से बाहर होती हुई कहने लगी–

"कौन हो ? कौन हो तुम ? अपना पीचय दो ।"

चाणक्यने मुस्कराते हुए कहा, "पहले इस बालक की बात पूरी होने दो देवी ।"

"नहीं, पहले तुम अपना परिचय दो फिर इसके बाद मैं इसकी बात पूरी करूंगी ।"

"देवी ! मैं उसी दुर्भागयशाली लेकिन हठी और आत्माभिमानी पिता का पुत्र हूं, जिसे राजा ने मगध से निष्कासित कर दिया था । हां, मैं चणी-पुत्र हूं । तुम मुझे विष्णुगुप्त भी कह सकती हो ।"

एक अप्रत्याशित प्रसन्नता मन पर झलकाते हुए उसने कहा–"विष्णुगुप्त ! आओ मेरे साथ । आओ वत्स चन्द्रगुप्त, तुम भी आओ ।"

और वी स्त्री उनको अपने घर ले आई ।

अतिथि सत्कार करने के बाद चन्द्रगुप्त की मां ने उसे बताया–"चन्द्रगुप्त ठीक कह रहा है विष्णुगुप्त ! यह ही सेनापति मौर्य का अभागा पुत्र है, जिसे मैं अपने पति के बन्दी होने के बाद उनकी इस एकमात्र निशानी को बड़ी

कठिनाई से संभलते हुए यहां ले आई । मैंने तुम्हें इसका परिचय उस समय इसी डर से नहीं दिया था कि कहीं दुर्भाग्य पाटलिपुत्र से यहां तक न आ गया हो । हमें तो यह भी नहीं मालूम कि इसके पिता कहां हैं ? क्योंकि जब से उन्हें बन्दी बनाया है तब से उनका कोई समाचार हमें नहीं मिला ।

''यह तो बालक है, अभी अबोध है, इसलिए केवल अपना मन बहलाने के लिए गांव के बच्चों के साथ खेल लेता है । अपने पिता की यह तलवार भी इसने आज ही निकाली है ।''

अब चाणक्य को विश्वास हो गया कि निश्चय ही यह बालक क्षत्रिय कुल में जन्मा है । इसकी रगों में एक वीर पिता का रक्त दौड़ रहा है ।

चाणक्य ने उस बालक को अपने समीप बुलाते हुए कहा, ''यदि तुम चाहो तो सचमुच राजा बन सकते हो ।''

राजा शब्द सुनकर चन्द्रगुप्त के चेहरे पर रक्त दौड़ गया मानो वह पल भर में ही बालक से युवा हो गया ।

उसने आश्चर्य से कहा–''तुमने क्या कहा ब्राह्मण ! क्या मैं सचमुच राजा हो सकता हूं ? सच मैं राजा बनना चाहता हूं ब्राह्मण !'' और यह कहते हुए उस वीर बालक ने अपने हाथ में तलवार ली और चाणक्य के चरण छूते हुए कहा, ''आज से आप मेरे गुरु हैं । आप जो आदेश देंगे मैं सदा ही उसका पालन करूंगा और आपके संकल्प को पूरा करने का यत्न करूंगा ।''

''अभी तो मैंने तुमसे अपना संकल्प कहा ही नहीं ।''

''मैं जानता हूं, जो व्यक्ति पाटलिपुत्र से जीवित लौटता है, वह यही संकल्प लेकर लौटता है कि वह नन्द के वंश को समाप्त कर दे और मगध को एक जनप्रिय राज्य के रूप में प्रतिष्ठा दे ।''

चाणक्य यह सुनकर हतप्रभ रह गया ।

''हे वत्स ! जब मैं पाटलिपुत्र से चला था तो दुष्ट नन्द ने मेरी अवमानता करते हुए अपने प्रतिहारी से मेरी शिखा को पकड़कर खिंचवाया था, मेरी लाठी और कमण्डल गिर गए थे, मैं भूमि पर लोट गया था । तभी मैंने उठकर यह प्रतिज्ञा की थी कि मैं अपनी यह शिखा तभी बांधूंगा जब नन्द वंश का समूल नाश कर दूंगा ।''

चन्द्रगुप्त ने उत्साह से चाणक्य की ओर देखते हुए कहा–''तो मैं भी प्रतिज्ञा करता हूं गुरुदेव ! कि मैं सदा आपके आदेश का पालन करते हुए

आपकी आकांक्षाके अनुकूल अपनी पात्रता सिद्ध करूंगा । नीति आपकी होगी, कौशल मेरा । दिशा आप देंगे, आगे मैं बढ़ूंगा । संकेत आप करेंगे, पालन मैं करूंगा ।''

अब चाणक्य को इससे अधिक और क्या चाहिए था ? वह बोला–''यदि ऐसा है वत्स ! तो मैं भी घोषणा करता हूं कि तुम राजा ही नहीं, राजाओं के भी राजा बनोगे और एक दिन समूचा आर्यावर्त तुम्हारे नेतृत्व में सुख की सांस लेगा ।''

चन्द्रगुप्त की माता इस सारे कथन को और वार्तालाप को मूक दृष्टि से देखती-सुनती रही । वह मानती थी कि उसका बालक अपने पिता के समान ही बड़ा निर्भीक, चपल और साहसी है । अपनी इसी निर्भीकता से ही तो वह आस-पास के गांवों में भी सबका प्यारा है । वह स्वयं उसके इस साहस को देखकर प्रसन्न होने पर भी चिन्तातुर हो रही थी और उसकी चिन्ता यही थी कि उसका यह बालक यदि कहीं राजा के कोप का भाजन बन गया तो वह क्या करेगी ? बेचारी डरती थी मन ही मन, कहीं वह कोई ऐसा काम न कर बैठे जिससे फिर से कोई नया संकट खड़ा हो जाए । जब चाणक्य और चन्द्रगुप्त में वृक्ष के नीचे बातचीत हो रही थी, जहां उसका बेटा मिट्टी के ढेर के ऊपर बैठा अपने साथियों के साथ खेल रहा था, तो एक अपरिचित व्यक्ति के आगमन के समाचार ने उसके मन में एक भय पैदा कर दिया था । उसे एक बालक ने तो यही सूचना दी थी कि कोई व्यक्ति चन्द्रगुप्त के पास आया है ।

उसे तो यह डर था कि कहीं दुष्ट नन्द का कोई सैनिक तो नहीं आ गया जिससे चन्द्रगुप्त बातचीत में उलझ गया हो और जब वह दौड़कर वहां पहुंची और उसने चन्द्रगुप्त को अपने पिता का परिचय देते हुए पाया तो भय के मारे उसने उसे इस लिए रोक दिया था कि अगर नन्द को यह पता चल गया कि हम सेनापति मौर्य के परिवारजन हैं तो वह हमें भी मार डालेगा ।

वह जानती थी कि उसका बेटा बड़ा भोला है, वह छल-कपट को क्या जाने ! वह तो सीधे स्वभाव सारी बातें बता देता है । इसीलिए उसने उसे रोक दिया था ।

यहां घर पर आकर चाणक्य ने जब सारी बातें स्पष्ट कर दीं और चन्द्रगुप्त की मां को यह विश्वास हो गया कि यह कोई नन्द का सैनिक नहीं बल्कि यह भी हमारी तरह नन्द के कोप का भाजन बना हुआ एक पितृविहीन ब्राह्मण है तो उसकी आंखें छलक उठीं और वह बोली–''हे ब्राह्मण, यह

बालक मेरी एकमात्र संतान है, यह स्वयं नहीं जानता कि यह क्या कह रहा है । तुम इसकी बातों पर ध्यान न दो ।''

''नहीं, ऐसा मत कहो देवी ! तुमने तो इस बालक के रूप में भारत का भविष्य पैदा किया है । तुम इसे मेरी दृष्टि से देखने का प्रयास करो । क्या तुम इसको उचित शिक्षा के लिए मेरे साथ तक्षशिला भेज सकती हो ?''

चन्द्रगुप्त की मां का तो वह अकेला एक सहारा था । भला वह फिर उसे कैसे भेजती ? उसने कहा—''विष्णुगुप्त ! हम गरीब हैं, तुम जानते हो कि मेरे पति को राजा नन्द ने बन्दी बनाकर कारागार में डाल दिया था । अब तुम फिर से हमें सांप के मुंह में जाने का परामर्श क्यों दे रहे हो ?''

''मैंने इसे तक्षशिला जाने के लिए कहा है, राजा नन्द के पास नहीं ।''

''तक्षशिला में जाने के लिए और शिक्षा पाने के लिए इसे वृत्ति कहां से मिलेगी ब्राह्मण महाराज ? नन्द से क्या हम आशा कर सकते हैं ?''

''मैं नन्द की बात ही नहीं कह रहा, तुम्हें शायद ज्ञात नहीं है, मैं स्वयं तक्षशिला का आचार्य हूं और इसके अध्ययन का दायित्व मैं लेता हूं । तुम इसे मेरे साथ तक्षशिला भेजोगी जहां यह मेरे पास शस्त्र और शास्त्र की विद्या ग्रहण करेगा ।

''मैं तुम्हें विश्वास दिलाता हूं देवी ! मेरे हृदय में भी इसको देखकर एक हिलोर पैदा हो गई है । यदि यह उच्च शिक्षा प्राप्त करके और शस्त्र विद्या में प्रवीण होकर दक्षता प्राप्त कर लेता है तो एक दिन निश्चय ही यह अपने पिता के अपमान का न केवल बदला लेगा बल्कि उनकी आकांक्षा के राज्य की स्थापना करने में, उनके स्वप्न को पूरा करने में बहुत महत्त्वपूर्ण भूमिका निभाएगा । तब इतिहास इस पर गर्व करेगा देवी !''

''मैं तो इतना कुछ जानती नहीं विष्णुगुप्त ! केवल यह जानती हूं कि तुम एक पुत्र को उसकी मां से विलग कर रहे हो ।''

''लेकिन एक बड़े लक्ष्य के लिए, क्योंकि जननी के साथ-साथ पुत्र का दायित्व जन्मभूमि के प्रति भी होता है ।''

अभी वे सब लोग इस प्रकार बातचीत कर ही रहे थे कि उन्हें यह समाचार मिला कि एक राज्य से किसी ने महाराज नन्द की राजसभा में एक ऐसा पिंजरा भेजा है, जिसमें एक शेर बन्द है और उस राजा का यह कथन है कि यदि नन्द की राजसभा में कोई बुद्धिमान आदमी है तो वह बिना पिंजरा खोले इस शेर को पिंजरे से बाहर निकाल दे ।

चाणक्य ने जब यह सुना तो वह अत्यन्त प्रसन्न हुआ और उसने कहा–

"लो देवी ! अब तुम चाहो तो नन्द के पास भी जा सकती हो और यह निश्चित जानो कि तुम्हारा यह पुत्र अब किसी की सहायता से तक्षशिला में अध्ययन नहीं करेगा बल्कि अपने बुद्धि कौशल के कारण मिली राजवृत्ति से अपना अध्ययन स्वयं अर्जित कोष से करेगा ।"

"यह तुम क्या कह रहे हो ब्राह्मण ! तुम्हारी पहेलियां मेरी समझ में बिलकुल नहीं आ रहीं । यह तुम हमें किस मुसीबत में डालना चाहते हो ?"

"तुमने अभी-अभी यह घोषणा सुनी कि पिंजरे में बन्द सिंह को बिना पिंजरा खोले अगर कोई बाहर निकाल देगा तो राजा उस पर प्रसन्न हो जाएगा ।

"देवी ! यह मत समझो कि यह राजा की कृपा होगी बल्कि राज्य कोष पर प्रजा का भी पूरा अधिकार होता है और चन्द्रगुप्त नन्द के दरबार में इस अधिकार को लेने ही जाएगा ।"

"लेकिन यह पिंजरा खोले बिना सिंह को बाहर निकालेगा कैसे ?"

"यह चमत्कार है देवी ! केवल एक ही तरह से सिंह बिना पिंजरा खोले पिंजरे से बाहर निकल सकता है और वह मोम का सिंह है इसलिए–"

अब चाणक्य ने चन्द्रगुप्त को सम्बोधित करते हुए कहा–"हे वत्स ! तुम में यह साहस है और इस बहाने मैं तुम्हारी एक परीक्षा भी ले रहा हूं । यदि तुम इस में उत्तीर्ण हो गए तो तुम मेरी और अपनी दोनों की मनोकामना पूरी करने में सफल होओगे । तुम्हें सिर्फ एक काम करना है, उस लोहे के पिंजरे में बन्द सिंह को निकालने के लिए महाराज से जाकर कहना है–"महाराज, मैं इस सिंह को बिना पिंजरा खोले भीतर से बाहर कर दूंगा । लेकिन इसके लिए आपको केवल लोहे की कुछ सलाखें गर्म करवाकर मंगवानी होंगी ।

"और जैसे ही वे गर्म सलाखें आएं तुम एक सिरे से उसको ठण्डे भाग से पकड़कर सलाख का गर्म भाग शेर के नीचे भाग से उसके पेट में प्रविष्ट कराना । धीरे-धीरे गर्म सलाख से वह सिंह पिघलना शुरू हो जाएगा और इस प्रकार धीरे-धीरे सलाखें बदलते-बदलते वह सारा मोम का पुतला पिघलकर पिंजरे से बाहर बह जाएगा और पिंजरा खाली हो जाएगा । तुम महाराज नन्द से कह देना कि महाराज ! यह लीजिए, बिना पिंजरे का द्वार खोले मैंने पिंजरा शेर विहीन कर दिया है ।

"इस पर महाराज नन्द तुम पर प्रसन्न होंगे और वे तुम्हारी मुंहमांगी इच्छा

पूरी कर देंगे । तब तुम उनसे तक्षशिला अध्ययन के लिए राज्यवृत्ति की मांग करना । पूरे समूह के सामने और एक दूसरे राजा के द्वारा की गई इस बुद्धि-परीक्षा में सफल होने के कारण वे तुम्हारी इच्छा का विरोध नहीं करेंगे । और मैं तुम्हें तक्षशिला में ही मिलूंगा ।''

यह कहकर चाणक्य तक्षशिला लौट गए ।

चाणक्य तो लौट गए लेकिन माता का मन अभी भी संशयग्रस्त था । वह चाहती तो यह थी कि राजा नन्द के सम्मुख न जाया जाए लेकिन उसे अपने पुत्र के अध्ययन की बात भी तो पूरी करनी थी और यह भी लग रहा था कि ऐसा करने से वह अपने पति की शेष इच्छा को भी पूरा कर सकती है क्योंकि यदि उसका पुत्र उच्च शिक्षा प्राप्त कर लेगा तो निश्चय ही वह अपना जीवन तो सुखमय बना ही सकता हैं । इसलिए अपने एक पड़ोसी के साथ चन्द्रगुप्त की मां ने अपने पुत्र को पाटलिपुत्र भेज दिया ।

❑❑

नन्द की राजसभा उसके चाटुकार मंत्रियों और स्वार्थी दरबारियों से खचाखच भरी थी और दरबार के प्रकोष्ठ में बीचों बीच वह पिंजरा रखा हुआ था जिसमें वह शेर बन्द था ।

राजा ने सभी दरबारियों और मंत्रियों तथा प्रजाजनों की बुद्धि-परीक्षा लेते हुए यह घोषणा की कि जो कोई इस सिंह को बिना पिंजरे का द्वार खोले पिंजरे को सिंह विहीन कर देगा उसे राजकोष से उसकी इच्छा के अनुरूप दान दिया जाएगा ।

राजा के मंत्रियों और दरबारियों ने जब यह सुना तो वे सभी सकपका गए क्योंकि उन्हें तो यह ज्ञात ही नहीं था कि इस सिंह को पिंजरे से बाहर कैसे करें ?

किसी को कोई युक्ति नहीं सूझ रही थी ।

राजा नन्द ने जब देखा कि सभा में कोई व्यक्ति पिंजरे को खोले बिना शेर को बाहर निकालने में समर्थ नहीं है, हर एक व्यक्ति अपना मस्तक झुकाए बैठा है तो राजा ने एक बार फिर घोषणा की–

''तो क्या मैं समझूं कि मेरी इस सभा में कोई भी विद्वान, गुणी ऐसा नहीं जो इस सिंह को पिंजरे से बाहर निकाल दे ?''

''है महाराज !'' एक आवाज आई ।

राजा नन्द न उस आवाज को सुनकर कहा, ''जो कोई है वह मध्य में आकर अपनी बात कहे ।''

चन्द्रगुप्त भीड़ में से निकलकर दरबार के बीच में आ गया और बोला, "महाराज ! ऐसा न कहें कि आपकी सभा में कोई भी पिंजरे को बिना खोले सिंह को बाहर निकालने में समर्थ ही नहीं है । मैं विद्वान् या गुणी तो नहीं, एक बालक हूं । किन्तु एक निवेदन है कि यदि आप मेरी उच्च शिक्षा का प्रबन्ध राज्य की ओर से करने का प्रबन्ध करें और मुझे विद्याध्ययन के लिए तक्षशिला भेजने का आश्वासन दें तो मैं इस सिंह को पिंजरे से बाहर निकाल सकता हूं ।"

राजा को यह देखकर आश्चर्य हुआ । यह बारह साल का युवक जो अभी तक पूरी तरह युवक भी नहीं हो पाया है, क्या सत्य ही सिंह को बाहर निकाल देगा ? इसी संशय में राजा ने कहा–

"तुम जानते हो कि तुम क्या कह रहे हो ?"

"जी महाराज ! मैं जानता हूं कि मैं सिंह को बाहर निकालने की बात कह रहा हूं, यह तो एक साधारण बात है ।"

"यदि तुमने यह सिंह बाहर निकाल दिया तो मैं सत्य कहता हूं कि राज्य कोष से तुम्हें तक्षशिला विश्वविद्यालय में उच्च शिक्षा पाने के लिए जो राशि खर्च होगी, वह सहर्ष दी जाएगी । तुम इस सिंह को बाहर निकालकर हमारी राज्यप्रतिष्ठा की रक्षा करो ।"

"तो ठीक है महाराज ! आप अपने सेवकों को भेजकर सात लोहे की शलाकाएं लाल गर्म करके मंगवा दें ।"

कहने की देर थी कि तभी गर्म शलाकाएं उपस्थित कर दी गईं ।

और चन्द्रगुप्त ने उन गर्म शलाकाओं से धीरे-धीरे सारे सिंह को मोम के रूप में पिघला कर कुछ ही देर के प्रयास से पिंजरा खाली कर दिया ।

जब यह चमत्कार हुआ तो सारे दरबारी हतप्रभ होकर देखते रह गए ।

अब तो नन्द ने अपने वायदे के अनुसार चन्द्रगुप्त को तक्षशिला भेजने के लिए स्वर्ण मुद्राएं देकर विदा किया ।

राजा नन्द ने चन्द्रगुप्त को विदा करने से पहले जब यह पूछा कि–बालक, लेकिन तुम हो कौन और तुम्हें यह ज्ञात कैसे हुआ कि सिंह को इस प्रकार पिंजरे से बाहर निकाला जा सकता है तो चन्द्रगुप्त ने कहा, "महाराज ! मैं एक गरीब स्त्री का पुत्र हूं और पिताविहीन हूं । अपने गांव में रहकर जो बड़े बूढ़ों से थोड़ा-बहुत ज्ञान मुझे मिला है, उसी के आधार पर मैंने अपनी बुद्धि दौड़ाई और यह जान लिया कि यदि शेर वास्तविक शेर है तो बिना पिंजरा खोले

उसका बाहर आना असम्भव है या फिर उसे तलवार से काटकर टुकड़े-टुकड़े करके बाहर निकाला जा सकता है । बस यही बात मेरे मस्तिष्क में दौड़ गई और मैंने सोचा कि यदि शेर वास्तविक नहीं है तो एक ही ऐसी वस्तु है मोम, जिसका यह शेर है क्योंकि किसी भी धातु का या किसी अन्य वस्तु का शेर बना होता तो वह पिंजरा खोले बिना बाहर आ ही नहीं सकता था । बस इतनी छोटी-सी बात थी ।''

महाराज नन्द इस बालक से अत्यन्त प्रसन्न हुए और तत्काल उसे तक्षशिला विश्वविद्यालय शिक्षा ग्रहण करने के लिए भेज दिया और उसके अध्ययन का सारा दायित्व राज्य के द्वारा वहन करना स्वीकार कर लिया ।

चन्द्रगुप्त की मां को जब यह समाचार मिला तो वह फूली नहीं समाई । उसे अब सत्य ही ब्राह्मण चाणक्य पर पूरा विश्वास हो गया ।

उसे लगने लगा कि अब उसका यह पुत्र निश्चय ही तक्षशिला से अध्ययन करके एक गुणी नागरिक बनकर निकलेगा ।

तक्षशिला में चाणक्य

आचार्य चाणक्य तक्षशिला पहुंच गए ।

विश्वविद्यालय में सभी कर्मचारी, ऋषि, महात्मा और आचार्यगण उनकी प्रतीक्षा ही कर रहे थे । क्योंकि स्वयं आचार्य उनसे यही कह कर आए थे कि वे कुछ समय के लिए अपनी जन्मभूमि कुसुमपुर जाना चाहते हैं, वहां से लौटने पर ही यहां कार्य आरम्भ करेंगे ।

तक्षशिला में तो किसी को यह ज्ञात भी नहीं था, न कोई अनुमान ही लगा सकता था कि चाणक्य वहां राजा नन्द की राजसभा में इस प्रकार अपमानित हुए हैं और वहां से इतना बड़ा संकल्प लेकर लौटे हैं ।

वैसे, सभी आश्रमवासी जानते थे कि आचार्य बहुत ही कम बोलते हैं लेकिन इस बार जब चाझाक्य लौटे तो मानो बिल्कुल मौनव्रती ही होकर लौटे । कोई कैसे जान पाता कि नित्य ही आचार्य को चन्द्रगुप्त के आने की प्रतीक्षा रहने लगी थी ।

उन्हें इस बात का पूरा विश्वास था कि चन्द्रगुप्त में जो आग है, जो उत्कट इच्छा है कुछ करने की, वह उसे वहां शान्ति से नहीं बैठने देगी और

वह किसी न किसी प्रकार साधन कर ही लेगा । किन्तु......

अभी वह सोच ही रहे थे कि एक शिष्य ने आकर सूचना दी–

"आचार्य ! एक युवक आपसे मिलना चाहता है । वह अपना नाम चन्द्रगुप्त बता रहा है ।"

चाणक्य मानो स्वप्न से जाग गए हों ।

"क्या कहा ! चन्द्रगुप्त आ गया है ?"

और बिना कुछ बोले चाणक्य स्वयं उसे लिवा लाने के लिए अपनी कुटिया के द्वार तक आए ।

चन्द्रगुप्त ने दौड़कर गुरु को प्रणाम किया ।

"आयुष्मान् भव !" झुकते हुए चन्द्रगुप्त को चाणक्य ने ऊपर उठाकर अपने सीने से लगा लिया ।

इस समय उन्हें, एक पिता के समान उसे पाकर अपार प्रसन्नता हुई ।

सभी आश्रमवासी आश्चर्य मिश्रित प्रसन्नता से देख रहे थे–आज आचार्य के मुख पर एक अनोखी खुशी थी । क्योंकि अबकी बार जब से वे तक्षशिला आए हैं, कभी किसी से खुलकर न तो मिले और न ही किसी से मन की बात की । ऐसा लगता रहा मानो आचार्य किसी गहन चिन्ता में डूबे हों ।

लेकिन चन्द्रगुप्त के आने के बाद तो उनकी अभूतपूर्व खुशी से सभी चकित रह गए ।

निश्चय ही आचार्य का चन्द्रगुप्त के साथ कोई विशेष अनुराग है ।

"आओ चन्द्रगुप्त !"

और आचार्य उसे स्वयं ही उस कक्ष में ले गए जहां उन्होंने तक्षशिला में चन्द्रगुप्त के आवास का प्रबन्ध किया था ।

"तुम्हें मार्ग में कोई विशेष असुविधा तो नहीं हुई ?"

यहां आने की उत्सुकता में मुझे यह ज्ञात ही नहीं हो सका कि मार्ग कैसे बीत गया ।"

"और तुम्हारी मां तो तुम्हें भेजने में संकोच अनुभव नहीं कर रही थी ?"

"नहीं, उन्होंने तो प्रसन्नतापूर्वक मुझे भेजा है । लेकिन......"

"लेकिन क्या ?" चाणक्य ने कहा ।

"आपने महाराज नन्द के यहां सिंह वाला प्रसंग तो पूछा ही नहीं ।"

"वह क्या पूछना,–वह तो मुझे ज्ञात ही था ।"

"मालवा के दक्षिण में जो मालाबार प्रान्त है वहां के राजा नल वर्मा ने वह

सिंह भेजा था। यह मुझे ज्ञात हो गया था इसीलिए मैंने तुम्हें यह रहस्य बता दिया था। महाराज नन्द की तो प्रतिष्ठा बच गई। देख रहा हूं तुम अपने साथ काफी कुछ सामग्री लाए हो। मालूम होता है महाराज नन्द की कुछ अधिक ही कृपा हो गई है।"

"हां गुरुदेव ! उन्होंने मुझे राज्य से वृत्ति देना स्वीकार कर लिया है।"

"उन्होंने तुम्हारा परिचय पूछा था ?"

"हो, किन्तु मैंने कह दिया था, मैं एक गरीब दुखियारी की एकमात्र संतान हूं। यह सुनकर महाराज ने और कुछ नहीं पूछा ! सच गुरुदेव ! आपका दिया मंत्र बड़ा सहायक हुआ। अब मैं यहां आपके चरणों में रहकर शिक्षा ग्रहण कर सकता हूं।"

चाणक्य ने अपने दूसरे शिष्य की ओर देखकर कहा–"आओ, सिंहरण !"

"जी गुरुदेव !"

"देखो चन्द्रगुप्त ! यह सिंहरण है, यह भी अभी नया है। तुम दोनों मित्रता कर लो, साथ-साथ रहना है। और यहां गांधार नरेश का पुत्र राजकुमार आम्भीक भी शिक्षा ग्रहण कर रहा है।"

"अच्छा गुरुदेव।"

"किन्तु ध्यान रहे, उससे अधिक विवाद मत करना, वह अहंकारी और क्षुद्र बुद्धि वाला है। उसके पिता गांधार नरेश इस विश्वविद्यालय को काफी मात्रा में आर्थिक सहायता देते हैं। अत: उसके अहं को जगाने वाली कोई बात न कहना। वैसे वह मूर्ख है और अपने को यहां का सर्वे-सर्वा समझता है।

"यदि तुम्हारी किसी भावना को उसकी किसा बात से ठेस पहुंचे तो उसे टाल दिया करना। अपना उद्देश्य पूरा करने के लिए मार्ग के व्यवधानों पर रुकना नहीं चाहिए अन्यथा लक्ष्य तक नहीं पहुंच पाओगे।"

"जैसी आज्ञा गुरुदेव !"

दोनों ही शिष्यों, चन्द्रगुप्त और सिंहरण ने आचार्य की शिक्षा को गांठ बांध लिया।

"अच्छा सिंहरण, तुम तनिक चन्द्रगुप्त के लिए कुछ भोजन की व्यवस्था तो कर दो यह इतनी दूर से चलकर आया है।"

"जो आज्ञा गुरुदेव !"

सिंहरण के जाने के बाद आचार्य चाणक्य ने चन्द्रगुप्त से कहा–

"देखो वत्स ! तुम्हें इस समय एक बात का विशेष ध्यान रखना होगा कि यहां

आश्रम में अभी तुम अपना परिचय केवल चन्द्रगुप्त के नाम से दोगे और यह किसी को नहीं बताओगे कि तुम सेनापति मौर्य के पुत्र हो ।''

''ऐसा क्यों आचार्य ?''

''इसलिए कि तुम नन्द के राज्य से वृत्ति ले रहे हो और हो सकता है कि अपने शत्रु का पुत्र जानकर नन्द तुम्हारा कोई अनिष्ट कर दे । अत: जब तक पूरी तरह सक्षम नहीं हो जाते तब तक अपने रहस्य को तुम्हें किसी दूसरे व्यक्ति पर प्रकट नहीं करना है ।''

''ऐसा ही होगा गुरुदेव ! आप निश्चिन्त रहें ।''

चाणक्य चले गए । चन्द्रगुप्त विधिवत् तक्षशिला विश्वविद्यलय में विद्याध्ययन करने लगे ।

तक्षशिला का विद्यालय एक विशाल भवन में स्थित था । उसके उत्तरी भाग में पर्वत श्रृंखलाएं थीं, समीप में शीतल जल वाली नदी प्रवाहमान थी । विशाल चिनार के वृक्ष उसकी शोभा को बढ़ा रहे थे । सारा का सारा वातावरण बड़ा मनोहारी था ।

नित्य प्रति प्रात:काल ईश्वर प्रार्थना, आराधना और उसके पश्चात् विद्याध्ययन, अर्थ संचालन आदि अब उनका दैनिक कार्य हो गया ।

धीरे-धीरे चन्द्रगुप्त विद्या में पारंगत होता गया । और फिर एक दिन आचार्य चाणक्य ने अपने शिष्यों से कहा–''प्रिय शिष्यो ! कुलपति ने मेरी प्रार्थना स्वीकार कर ली है । अब मैं तुम लोगों को केवल अर्थशास्त्र पढ़ाने के लिए ही रुका हूं । इसके बाद मेरी गुरु-दक्षिणा पूरी हो जाएगी और तब मैं विधिवत् इस विश्वविद्यालय से कार्यमुक्त हो जाऊंगा ।''

''लेकिन आचार्य ! हमें तो अपने राज्य की स्थिति को देखते हुए अर्थ- शास्त्र की अपेक्षा शस्त्र विद्या की शिक्षा की आवश्यकता है । हमें तो आप अस्त्र-शस्त्रों में पारांगत कीजिएगा ।''

''तो फिर तुम मालव जाकर क्या करोगे ?'' आचार्य ने सिंहरण से पूछा ।

''हां आचार्य ! अभी मैं मालव नहीं जाऊंगा । मुझे तो यहां रहकर ही तक्षशिला की राजनीति पर विशेष अध्ययन करना है ।''

''यह तो बड़ी प्रसन्नता की बात है । तुमने जो कहा है उसे व्यवहार में पूरा करना चाहते हो । अच्छा सिंहरण, यह बताओ, क्या तुम जानते हो कि इस प्रदेश में यवनों के दूत क्यों आए हैं ?''

''यह समाचार तो मैंने भी सुना है आचार्य ! लेकिन मैं पूरी तरह तो नहीं कह

सकता पर इतना अवश्य जानता हूं कि हमारे राष्ट्र के उत्तरी भागों में जो आपसी फूट और वैमनस्य है वह शायद सीमा पार यवन राज्यों तक पहुंच गया है इसीलिए उन्होंने हमारी कमजोरी का अध्ययन करने के लिए इन्हें भेजा होगा ।''

''तुमने बिलकुल ठीक समझा है वत्स ।''

तभी आचार्य चाणक्य का शिष्य आम्भीक बीच में बोल उठा ''सिंहरण, देख रहा हूं अब तुम बहुत अनर्गल बोलने लगे हो । तुम आर्यावर्त का भविष्य अपनी कलम से लिखने की शक्ति रखते हो क्या ? और बिना जाने तुमने कैसे मान लिया कि उत्तरापथ के राज्य आपसी फूट से जर्जर हो रहे हैं ?''

''वत्स ! इसमें मालव कमार सिंहरण ने कुछ भी गलत नहीं कहा क्योंकि आपसी वैमन्सय ही एक ऐसी कमजोरी है जिसे भांप कर शत्रु सदैव आक्रमण करता है ।

''यह भी कैसी विडम्बना है कि हम सब आपस में अपने अहम् को लेकर लड़ते रहेंगे लेकिन किसी एक उद्देश्य पर एक नहीं हो सकते ।''

''लेकिन आचार्य ! इस प्रकार से सीधा आक्षेप करना तो दुर्विनीत होने का लक्षण है । इससे कटुता तो बढ़ती ही है ना ।'' आम्भीक ने चाणक्य से कहा ।

''लेकिन आम्भीक ! तुम जिसे दुर्विनीत होना कह रहे हो, यदि मैं इसे परस्पर मैत्री के भाव से निर्भीक हाकर अपनी बात कहने के संदर्भ में कहूं तो क्या यह गलत होग ? क्या तक्षशिला में रहकर अध्ययन करते हुए हम इस बात का गर्व नहीं कर सकते कि किसी भी जटिल से जटिल समस्या पर हम खुलकर संवाद कर लेते हैं ? और फिर तुम यह भूल रहे हो कि मैं भी मालव कुमार हूं और हमारा भी वंशानुगत चरित्र निडरता से अपनी बात कहने का रहा है ।'' सिंहरण ने कहा ।

''लेकिन अभी जो तुम विस्फोट की बात कर रहे थे ।'' आम्भीक बोला ।

''तुम नहीं समझोगे आम्भीक ! यह विस्फोट, क्योंकि तुम तक्षशिला में भी राजकुमार होने का गौरव पाए हुए हो और हम यह मानते हैं कि हम सब यहां एक ही गुरु के शिष्य हैं । यहां हमारी पहचान तक्षशिला के विद्यार्थी के रूप में है किसी राज्य के राजकुमार के रूप में नहीं । और अब तुम समझ सकते हो कि मैंने जिस सोच की बात की है वह ऐसी ही अहम्मन्यताओं की टकराहट से उपजता है । हमारा यह राष्ट्र राज्य कितने ही छोटे-छोटे उपखंडों में बंटा हुआ है । हर उपखंड अपनी स्वतंत्र सत्ता रखता है लेकिन यदि संस्कृति की दृष्टि से देखा जाए तो हम सम्पूर्ण भारतीय संस्कृति का एक हिस्सा हैं अथवा परिवार की एक इकाई हैं ।

''तुम नहीं समझ पाओगे आम्भीक कि इस समय समूची संस्कृति किस कगार पर आकर खड़ी हो गई है ।'' सिंहरण का समर्थन करते हुए आचार्य चाणक्य ने कहा ।

चाणक्य की यह बात सुनकर आम्भीक को क्रोध आ गया । अहंकारी तो वह था ही, आवेश में बोला--''मेरे राज्य में रहकर और मेरे ही अन्न से पलकर, मेरे खिलाफ कुचक्र रचा जा रहा है । मैं यह कदापि नहीं सह सकता ।''

''तुम्हें भ्रम है आम्भीक ! ब्राह्मण स्वतंत्र सत्ता रखता है, न वह किसी के राज्य में रहता है और न किसी के अन्न से पलता है । उसमें खोने की शक्ति होती है इसीलिए सामर्थ्यवान् होकर भी वह अपनी इच्छा से माया को भी ठुकरा देता है और वह समाज के कल्याण के लिए अपने ज्ञान से दूसरों को प्रकाशित करता है ।

''तुम क्या किसी का पालन करोगे आम्भीक ! तुम्हें राज्य सुख अपने पिता के कारण विरासत में मिला है । तुमने कष्ट नहीं सहे हैं । और जब छोटे-से सत्य को स्वीकार करने में इतना संकोच कर रहे हो कि आवेश में आकर अपना विवेक ही खो बैठे हो तो राजा बनने पर तुम प्रजा का क्या हित करोगे !

''तुम्हें बालपन से मैं जानता हूं । तुम में एक उद्दण्ड राजकुमार सदैव विद्यमान रहा है । तुमने इस आश्रम में शिक्षा अवश्य ग्रहण की है किन्तु तुम्हारा हृदय सदैव अपने आपको अपने सहपाठियों से बड़ा मानने का रहा है, इसीलिए संकीर्ण रहा है । तुम लोगों को विधिवत् शिक्षा देने के बाद मैंने यह निश्चय किया है कि मैं अब इस दायित्व से मुक्त हो जाऊं लेकिन कुलपति ने मुझे अभी रोक लिया है ।

''मैं भी चाहता हूं कि मेरा अपना एक परिवार हो, मैं भी गृहस्थ होना चाहता हूं किन्तु मेरे सामने केवल सुख ही नहीं है, न मेरा अहंकार। व्यक्तिगत हितों के लिए तो मैंने कभी अपनी भावनाओं को महत्त्व नहीं दिया । हां, मेरी इच्छा अवश्य है कि सम्पूर्ण आर्यावर्त भारतीय परम्पाओं का पोषण करते हुए प्रत्येक सामाजिक को खुली शुद्ध वायु दे सकूं, जहां सबको अपनी-अपनी क्षमता अनुसार जीने का अधिकार हो ।''

''यह सब मिथ्या जाल है, केवल अपनी अहम्मन्यता सिद्ध करने का प्रयास है ।''

''तुम अविश्वासी हो रहे हो आम्भीक ! यही कारण है कि म्लेच्छ, यवन अपना राज्य बढ़ा रहे हैं और आर्य जाति पतन के उस कगार पर खड़ी है जिसे अगर एक भी धक्का दे दिया जाए तो वह धराशायी हो जाएगी ।''

''और आप उस धक्के का कुचक्र विद्यार्थी को समझा रहे हैं ?''

"मेरे धैर्य की परीक्षा मत लो आम्भीक ! क्योंकि मैं अपनी शक्ति इतने छोटे विषय पर खर्च नहीं करना चाहता ।" चाणक्य ने बात का बुरा मानते हुए कहा ।

"यह तुम क्या कह रहे हो आम्भीक ! आचार्य से इस प्रकार बात करते हुए तुम्हें लज्जा नहीं आती ?" सिंहरण ने बीच में बोलते हुए कहा–"भला सोचो, आश्रम में कुचक्र का क्या काम ? कुचक्र तो राजनीति का विषय है । और राजनीति वह करते हैं जिनके हाथ में अधिकार होता है, और जिन्हें अपने स्वार्थ में यवनों से भी मैत्री करने में संकोच नहीं होता भले ही राष्ट्र की अस्मिता दांव पर लग जाए ।"

"तुम कहना क्या चाहते हो ?" आम्भीक ने कहा ।

"मैं जो कुछ कहना चाहता हूं वह मैंने कह दिया और इससे अधिक मुझे कुछ नहीं कहना है ।"

"तुम्हें बताना होगा ।"

"यह तुम्हारा अनुरोध है या आदेश ?"

"क्यों ?" आम्भीक ने प्रश्न किया ।

इस पर सिंहरण ने कहा–"अनुरोध मैं टाल सकता हूं क्योंकि उसके मानने की कोई बाध्यता नहीं होती और आज्ञा गुरुकुल के भीतर केवल आचार्य के अधिकार क्षेत्र में आती है । तुम्हें आज्ञा देने का कोई अधिकार नहीं ।"

आम्भीक के पास इस तर्क की काई काट नहीं थी ।

आम्भीक को इस प्रकार हताश देखकर आचार्य चाणक्य मुस्करा भर देते हैं ।

सिंहरण ने रहस्योद्‌घाटन करते हुए कहा, "जो व्यक्ति आक्रमणकारियों के द्वारा दिये गए धन-ऐश्वर्य के बल पर प्रसन्न होकर राष्ट्र की शान्ति को, सुख और स्वतंत्रता को दांव पर लगाकर उत्तरापथ का द्वार शत्रु के लिए खोलने में सहायक हो सकता है, ऐसा व्यक्ति कहां विश्वासपात्र रहा ? पूरे समाज के साथ कुचक्र तुम रच रहे हो या हम ?"

"ओफ ! तुम कितना बढ़-चढ़ कर बोल रहे हो ! अरे कोई है ? इस दुष्ट सिंहरण को बन्दी बना लिया जाए ।" यह कहते हुए आम्भीक ने इधर-उधर दृष्टि दौड़ाई ।

"यह भी प्रयास कर लो आम्भीक ! जो व्यक्ति शत्रु के सामने अपने हथियार डालकर केवल थोड़े से सुख के लिए स्वयं को बेच सकता है वह किसी को बन्दी बनाने का साहस कैसे कर सकता है ?"

अभी इनमें यह गर्मागर्म विवाद चल ही रहा था कि तभी ऊपर से चन्द्रगुप्त अचानक आ गया । उसने देखा, आचार्य चाणक्य मंद-मंद मुस्करा रहे थे । और

आम्भीक की तलवार म्यान से बाहर है ।

यह देखकर चन्द्रगुप्त ने कहा–"यह क्या राजकुमार आम्भीक ! क्या तुम्हारी तलवार को म्यान में स्थान नहीं मिला जो अपनी सीमा तोड़कर बाहर आ गई !"

"म्यान में तो म्लेच्छ यवनों का दिया हुआ उत्कोच भर गया है । उसमें तलवार कहां समाएगी ?"

"मैं सब समझ गया हूं । तुम सब कुचक्र में सम्मिलित हो । सिंहरण, तुम्हें तो मेरा अपमान करने का बदला अवश्य मिलेगा ।"

चन्द्रगुप्त ने बीच में शान्ति कराते हुए कहा–"राजकुमार, क्यों एक पारिवारिक कलह को अनावश्यक विस्तार दे रहे हो ?"

लेकिन आम्भीक पर चन्द्रगुप्त के कथन का भी कोई प्रभाव नहीं पड़ा और उसने सिंहरण पर अपनी तलवार चला दी ।

इससे पहले कि वार सिंहरण पर पड़ता, चन्द्रगुप्त ने बीच में ही उसके तलवार वाले हाथ को अपनी लम्बी भुजाओं से रोककर उसकी कलाई पकड़ ली ।

आम्भीक कसमसाने लगा लेकिन उसकी कलाई चन्द्रगुप्त के हाथ से नहीं छूटी और उसकी तलवार एक ही झटके में नीचे आ गई ।

सिंहरण यह देखकर कहने लगा–"छोड़ो चन्द्रगुप्त ! रहने दो ।" और फिर आम्भीक को सम्बाधित करते हुए कहने लगा–"जाओ राजकुमार आम्भीक ! यहां कोई कुचक्र नहीं है; तुम अपने कुचक्रों से अपनी रक्षा स्वयं करो ।"

और आम्भीक लज्जित हुआ आश्रम से चला जाता है ।

आचार्य चाणक्य को यह सब आश्चर्यचकित कर देने वाली एक घटना लगी । वह धीरे-धीरे बढ़ते हुए चन्द्रगुप्त के पास आए और कहने लगे–"आज तुम्हारा पाठ समाप्त हो गया है । चन्द्रगुप्त ! अब तुम्हारे लिए मेरी यही आज्ञा है कि तुम तक्षशिला छोड़ दो और सिंहरण, तुम भी मालव लौट जाओ । अब इस समय यही उचित भी है क्योंकि यहां रहकर अब अकारण रक्तपात से नहीं बचा जा सकेगा और यह नीति के विरुद्ध होगा ।"

"आचार्य ! मैंने तो आपके द्वारा प्राप्त ज्ञान से यही समझा है कि आत्म-सम्मान के लिए मर मिट जाना ही एक वीर पुरुष का धर्म है और सिंहरण तो मेरा आत्मीय मित्र है, उसका मान मेरा मान है ।"

"जाओ वत्स ! जाओ लौट जाओ । आत्म-सम्मान की परीक्षा के लिए भविष्य में बहुत अवसर मिलेंगे ।

"सिंहरण ! तुम मालव हो और तुम मागध हो चन्द्रगुप्त ! यही तुम्हारे मान

का कारण है लेकिन क्या मान–सम्मान मात्र इतना मान लेने से ही पूरा हो जाता है ? इससे ऊपर उठकर कम से कम तुम लोग तो स्वयं को संकीर्ण प्रान्तीयता से उबर कर आर्यावर्त का मानो, भारतवर्ष का मानो । तभी वास्तविक सम्मान को प्राप्त कर सकोगे । ध्यान रखो, जातीयता की रक्षा पूरे राष्ट्र का धर्म है, राज्य की इकाई–भर से यह सम्भव नहीं ।

"शायद तुम्हें इस बात का अनुमान ही नहीं है या तुम भूल चुके हो, मैंने एक बार तुम्हें बहुत पहले संकेत दिया था कि आर्यावर्त के स्वायत्तशासी छोट–छोटे राष्ट्र, जो वास्तव में राज्य भर हैं, विदेशी आक्रमण से पददलित हो जाएंगे । आज आम्भीक के साथ जो विवाद पैदा हुआ है इसमें वह निश्चय ही अपनी संकीर्ण प्रतिशोध–वृत्ति के कारण चुप नहीं बैठेगा । क्योंकि गांधार प्रदेश आर्यावर्त का पशिचम दिशा का मुख्य द्वार है और जब यवनों का आक्रमण होगा तो जो कांटा उसके मन में चुभ गया है वह निश्चय ही दरकेगा और वह यवनों से सन्धि करके उसका प्रतिशोध अवश्य लेगा ।

"तुम जानते हो कि पंचनद नरेश पर्वतेश्वर के साथ गांधार देश का पुराना वैर है इसलिए अपने उस वैर को फलीभूत करने के लिए यह दुर्बुद्धि आम्भीक यवनों से मिलकर पर्वतेश्वर को नीचा दिखाने का प्रयास करेगा और मगध तो स्वयं ही महाराज नन्द के कारण पददलित हो रहा है । कितनी शिथिल है उसकी सैन्य शक्ति, यह तुम जानते हो । तो क्या आर्यावर्त को ऐसा अवसर प्रदान करके नाश की ओर धकेलना है ?"

"ऐसा कुछ नहीं होगा आचार्य !" चन्द्रगुप्त ने विश्वास के साथ कहा । यह चन्द्रगुप्त मौर्य आपका शिष्य, आपके चरणों की शपथ लेकर प्रतिज्ञा करता है कि यवन यहां अपने उद्देश्य में सफल नहीं होंगे और कुछ नहीं होगा ।"

"मुझे तुम्हारी शक्ति का भान है वत्स ! लेकिन इसके लिए तुम्हें मगध में जाकर साधनसम्पन्न बनना है । यहां समय बिताने का इस समय कोई उपयोग नहीं और मैं भी अब यहां से जाकर पंचनद नरेश से मिलकर विचार करता हूं । और सिंहरण, तुम भी सावधान रहना ।"

"आपका आशीर्वाद मेरी रक्षा करेगा आचार्य !"

और फिर चन्द्रगुप्त ने मगध के लिए प्रस्थान की तैसारी शुरू कर दी ।

❑❑

आचार्य चाणक्य ने चन्द्रगुप्त को तक्षशिला से जाने का आदेश तो दे दिया लेकिन वह यह सोचने लगे कि मगध में जाकर चन्द्रगुप्त करेगा क्या ? मगध की

सेना को क्या पर्वतेश्वर के साथ सहयोग करने के लिए कोई प्रेरित कर सकता है ? यह एक प्रश्न था और चाणक्य विचार कर रहे थे ।

टहलते-टहलते चाणक्य आश्रम से बहुत दूर चले गए । आश्रम में अभी भी दीपक की रोशनी जल रही थी, शायद चन्द्रगुप्त अभी भी अध्ययन कर रहा है ।

और फिर धीरे-धीरे चाणक्य के कदम अपनी कुटिया की ओर बढ़ गए । बहुत धीमे से उसने कुटिया का दरवाजा खोला और उसमें प्रवेश किया ।

चाणक्य को अपने कक्ष में किसी के आते हुए कदमों की आहट मिली ।

"कौन ?"

"मैं हूं आचार्य, चन्द्रगुप्त ।"

"तुम अभी तक सोए नहीं वत्स !"

"पूरा आर्यावर्त सो रहा है आचार्य ! अगर मैं भी सो गया तो आपको लक्ष्य प्राप्ति कैसे हो पाएगी ?"

"तुम ठीक कह रहे हो वत्स ! आज तुमने स्वयं देखा था गांधार नरेश का दम्भी पुत्र आम्भीक किस प्रकार आश्रम व्यवस्था को ध्वस्त करते हुए सिंहरण से द्वन्द्व करने के लिए तत्पर हो गया था ।"

"देखा था आचार्य ! और समझा भी था । इस सब पर विजय पाने के लिए विचारपूर्ण योजना बनाकर लम्बे धैर्य के साथ उस पर व्यवहार करने की आवश्यकता है इसीलिए मैं आपकी राजनीति का परायण कर रहा था ।"

चाणक्य का मन आज कुछ उद्विग्न था, यह बातचीत करते हुए चन्द्रगुप्त ने भी भांप लिया और आचार्य जब संवाद नहीं करना चाहते तो तटस्थ हो जाते हैं, वह यह भी जानता था इसलिए इस समय उसने यही उचित समझा कि आचार्य को एकान्त दिया जाए और चन्द्रगुप्त अपने कक्ष में लौट आया ।

दीपक की रोशनी को मद्धम करके आचार्य अपनी खटिया पर लेट गए । आज उनका मन दुविधा में था । एक तरफ आश्रम का आचार्यत्व उनका कर्तव्य मार्ग निश्चित करने की प्रेरणा दे रहा था और दूसरी ओर सुवासिनी का सन्दर्भ उनके मन पर था और अपना एकाधिकार जमाना चाहता था ।

कहीं से एक किलकती-सी आवाज आई–"विष्णु, तुम जा रहे हो ? चलो अच्छा हुआ, अब मुझे तुम्हारे लिए अपने घर में तुम्हारे अध्ययन कक्ष की अड़चन ही नहीं पड़ेगी । अब मैं अपनी रसोई को बहुत बढ़िया बनाऊंगी, मेरा शयन कक्ष हवादार होगा, आंगन में छोटे-छोटे फूल के पौधे लगाऊंगी ।"

और फिर विष्णुगुप्त को चुप देखकर सुवासिनी ने स्वयं ही कहा–"अरे ! तुम

तो बुरा मान गए । अच्छा एक काम करते हैं । तुम कहीं से सीधी और मोटी लकड़ियां लाओ ।''

''मुझे कोई आवश्यकता नहीं, अब मैं तक्षशिला जा रहा हूं । मैं वहीं अपने गुरुदेव के आश्रम में विद्याध्ययन करूंगा और ज्ञान प्राप्त करूंगा ।''

''तो तुम मेरे घर में नहीं रहोगे ?''

''पहले विद्याध्ययन कर लूं उसके बाद जीविका का साधन कर लूं, तब तुम्हारे प्रस्ताव पर विचार करूंगा और फिर अब तो तुम महाराज नन्द के यहां बड़े-बड़े भवनों में रहोगी ।''

''चल हट ! मेरे पिता जी रहेंगे । मैं तो कुसुमपुर में ही रहूंगी, जहां तुम रहोगे ।''

''क्या पागलपन की बात है !''

चाणक्य सोच रहा था–कहां-कहां से ये बातें दिमाग में आ रही हैं । आज मन संयत नहीं है । जब मैं तक्षशिला आ रहा था तब सुवासिनी थी कहां ? वह तो पाटलिपुत्र में थी यानि स्वप्न में भी मैं स्वप्न देख रहा हूं ।

हां ठीक ही तो है, जिस दिन मैं तक्षशिला आ रहा था, मां कितना खुश थी । यह मैं क्या कह गया ? मां नहीं, पिता खुश थे क्योंकि उनका पुत्र राजकोष के बल पर तक्षशिला विश्वविद्यालय का विद्यार्थी होकर जा रहा था जहां वह वेद-वेदांगों का अध्ययन करेगा । मां तो अपने आंचल से आंसू पोंछती हुई बार-बार इधर-उधर घूम रही थी और मैं बार-बार दरवाजे की ओर देख रहा था–कोई आएगा, नन्हे-नन्हे पैरों से चलता, हाथ हिलाता, मेरा मीत, मेरी सुवासिनी ।

सुवासिनी नहीं आई और मैं अपने ही मन में कल्पना कर रहा था कि वह आई है ।

अरे विष्णु ! तुम जा रहे हो, लो यह अपना हवन कुंड ले जाओ, मेरे घर में यह अच्छा नहीं लगता । और मैं हंस पड़ा । मेरा अचेतन मन मुझसे अठखलेयियां खेल रहा है, तब कोई भी नहीं था मेरे आस-पास । बचपन की एक नोंकझोंक-भरी सुगन्ध थी मेरे चारों तरफ और मैं सारे रास्ते दरवाजे पर खड़ी सुवासिनी की झलक अपने मन पर अंकित किए चला गया ।

मैं तक्षशिला चला आया और मेरा बचपन यहीं कुसुमपुर में छूट गया ।

चाणक्य अभी भी उसी स्वप्निल अंधेरे में भटक रहे थे, उनके आस-पास न आश्रम था और न वे तक्षशिला में थे, वे कुसुमपुर में थे और यह यात्रा चाणक्य ने स्वप्न में पूरी की थी । अतीत कितना चमत्कारी है, जो यात्रा करने के लिए साक्षात्

कई दिन लगते हैं, वह कल्पना में जब उभरता है तो पल भर में ही यहां से वहां होताा हुआ सारे घटनाक्रम को उलटकर रख देता है । कहां कुसुमपुर, कहां यह तक्षशिला का आश्रम, कहां वह वटवृक्ष ! जहां मैं गया ही नहीं, वहां मेरी स्मृति मुझे ले गई । अभी-अभी मेरे पास से सिर्फ चन्द्रगुप्त गया है और मैं पीपल के वृक्ष के नीचे से उठकर यहां तक आया हूं । रात्रि का दूसरा प्रहर बीतने को है और मुझे नींद नहीं आ रही ।

पिछली बार जब वह कुसुमपुर गया था तो अचानक उसे यह समाचार मिला था कि महामंत्री शकटार को महाराज नन्द ने अपदस्थ कर दिया । सेनापति मौर्य को बन्दी बना लिया है और क्योंकि उसके पिता को ब्रह्मवृत्ति महाराज नन्द ने महामंत्री शकटार का मित्र होने के कारण दी थी अत: उसे भी बन्द कर दिया और वे क्योंकि चणी पुत्र थे इसलिए उनकी छात्रवृत्ति भी वे बन्द कर देते लेकिन क्योंकि छात्रवृत्ति का पूरा धन महाराज ने पहले ही पिता को दे दिया था इसलिए उस पर उनके कोप का कोई प्रभाव नहीं पड़ा ।

शकटार परिवार सहित काल कोठरी में बन्द कर दिये गए और जब से उन पर यह विपत्ति आई, कोई नहीं जानता कि वे कहां हैं । सेनापति मौर्य कारागार के सीखचों के भीतर यातना सहने के लिए बाध्य थे । केवल उसके पिता मुक्त थे ।

वह मुक्ति भी कैसी मुक्ति थी ! वृत्ति छोड़ी, कुसुमपुर भी छूट गया । एक ब्राह्मण अपरिचित गांव में कैसे जीवन यापन कर सकता है, इसका अनुमान वही लगा सकता है जिसने यह जीवन जिया है ।

चाणक्य ने अपनी मां की आंखों में इस मिलन पर आंसू नहीं देखे थे । एक ठंडापन देखा था, निराशा देखी थी, भय और कम्पन देखा था । उसके मुंह से कोई स्वर नहीं निकलता था । निरीह आंखें केवल आकाश को तकती थीं ।

कुछ दिन तो हमने भी जीवन का सुख भोगा ही था । भले ही राज- प्रासादों में नहीं रहे लेकिन कुछ समय के लिए तो यह अनुभव अवश्य किया कि हम विपन्न नहीं हैं ।

और जब कुसुमपुर से लौटते हुए मैंने पूरे गांव की ही दुर्दशा देखी तो मन आहत हो उठा । महाराज नन्द ने कितने ही धर्मातमाओं और ईमानदार सेवकों और निष्ठावान सहयोगयों को अपने अहंकार का शिकार बनाया ।

इसका क्या उपाय हो सकता है ?

धीरे-धीरे उपाय सोचते-सोचते आचार्य चाणक्य को नींद आ गई । जीवन के कठिन संयमी रास्ते पर चलते-चलते कोई कितना भी व्रती क्यों न हो, अगर अकेला

पड़ जाए तो थक जाता है । लेकिन मैं अकेला नहीं हूं । सिंहरण मेरे साथ है । मालव का हुआ तो क्या हुआ ? चन्द्रगुप्त मेरे साथ है । वह तो मगध का है । मगध और मालव का क्या भेद, जब प्रश्न राष्ट्रीय एकता का हो । आर्यावर्त के लिए मालव भी संकुचित दृष्टि नहीं अपनाएगा ।

मगध में वसन्त उत्सव

आचार्य चाणक्य आर्यावर्त पर आने वाले संकट का हल खोजने लगे और मगध इस संकट से बेखबर वसन्त उत्सव मना रहा था । महाराज नन्द की विलासी प्रवृत्ति अपनी पराकाष्ठा पर पहुंच रही थी ।

नन्द के राजमहल में सेवक और परिचारिकाएं यहां तक कि सैनिक भी स्त्रियां थीं और नन्द का अधिकांश समय अपने रंगमहल में ही बीतता था । जब महाराज नन्द अपने रंगमहल में होते थे तो कोई भी सेवक पुरुष महाराज के पास कोई समाचार नहीं ले जा सकता था । नारियां और मदिरा ही उनका प्रिय व्यवहार थीं ।

मगध में हर वर्ष वसन्त ऋतु के अवसर पर वसन्त उत्सव मनाया जाता था । इस बार यह उत्सव कुसुमपुर में आयोजित किया गया ।

सम्राट अपने विलास भवन में युवतियों के साथ विलास में लीन थे । यह देखकर कोई अनुमान भी नहीं लगा सकता था कि देश की पश्चिमी-उत्तरी सीमा पर पूरे विश्व को जीतने की लालसा लिए यूनान का बादशाह सिकन्दर अपने लाव लश्कर के साथ तैयार खड़ा था । और यहां महाराज नृत्यांगनाओं और नवयौवनाओं के साथ विलास में मग्न थे ।

जो लोग नन्द की इस प्रवृत्ति में सहायक थे, वे सुरा और सुन्दरी में पूरी तरह लिप्त थे । इनके लिए इसके अलावा कोई चीज सूझती ही नहीं थी ।

लेकिन जो नागरिक इस सबसे त्रस्त थे, इसलिए उदासीन थे कि राज्य नन्द का हो या अन्य किसी का, इस निरीह प्रजा को तो शोषण सहना ही है ।

वसन्त उत्सव के लिए कुसुमपुर में विशाल मंडप का निर्माण कराया गया । महामंत्री राक्षस उस कार्यक्रम की देख-रेख कर रहे थे । बड़े खुले वन प्रदेश में बड़ा पंडाल लगाया गया जिसके ऊपर झालरों से सज्जा की गई । ठीक सामने महाराज नन्द का आसन प्रतिष्ठित था और इस आसन पर गुलाब, जूही, चम्पा के फूलों की महक फैल रही थी ।

महाराज के सिंहासन के दोनों तरफ नगरश्रेष्ठों, राजप्रमुखों आदि के बैठने के

लिए समुचित व्यवस्था की गई थी । मंच के ठीक सामने पूरा का पूरा बाड़ा मखमली कालीनों से सजाया गया था और इसके पीछे दूर-दूर तक नागरिकों के लिए उत्सव में सम्मिलित होने की व्यवस्था की गई थी ।

कुसुमपुर में तो बहुत दिनों बाद आज चहल-पहल दिखाई दे रही थी । प्रात:काल से ही सभी नागरिक अपने घरों को सजाने में लगे थे । कौन जाने किधर से महाराज की सवारी निकल जाए । वणिकों और ब्राह्मणें को अपने घर परिवार के लिए यह चेतावनी दे दी गई कि कोई भी व्यक्ति बिना कहे अपने घर के बाहर न झांके खास तौर से नवयुवतियां और महिलाएं अपने घरों में बन्द हो जाएं । कौन जाने महाराज नन्द की दृष्टि किसी पर पड़ जाए और वे उसे अपनी निजी सम्पत्ति मानकर उसका प्रयोग कर लें ।

इस से पहले भी महाराज नन्द ने कितने ही वसन्त उत्सवों पर अथवा किसी पर्व या मेले के कार्यक्रम में अपनी मनपसन्द महिला के साथ, युवति या रमणी के साथ बलात् काम-तृष्णा का खेल किया है । नन्द की यह भोग-विलासी प्रवृत्ति सभी नागरिक जानते थे इसीलिए नन्द के नाम का आतंक उन पर छाया हुआ था । किसी में इतना साहस नहीं था कि पापी नन्द का विरोध कर सके इस लिए उल्लास के बाद भी सबकी आंखों में भय की रेखा सी छाई थी ।

महाराज नन्द को रूप सुन्दरियों के सान्निध्य से ही अवकाश नहीं था, वह तो ब्रह्मास्त्र से अधिक सुन्दरियों के कुटिल कटाक्ष से भय खाते थे और शायद इसीलिए जिन पिताओं की पुत्रियां अथवा जिन भाइयों की बहनें महाराज के आनन्द कानन में विहार कर चुकी थीं, उनके लिए राज्य के सभी सुख सदा उपलब्ध थे और जिन्होंने इसमें जरा-सी भी आनाकानी की अथवा विरोध किया, उनकी गति तो अन्त में बुरी हुई ही और राज्य-कोप का भागी भी उनके परिवार को अवश्य होना पड़ा ।

महाराज नन्द का यह कुटिल वाक्य सुनने वाले के कानों के पर्दे बेध जाता था, जब वे अट्टहास लगाते हुए कहते थे-"नागरिकों पर तो मैं राज्य करता हूं लेकिन मगध की नागरिकाएं मुझ पर राज्य करती हैं ।"

क्या दुर्भाग्य था मगध का ! जिसका राजा इतना भोगी और विलासी हो, जो अपना दायित्व तक भूल बैठा हो, उस प्रजा पर कितना कहर उतरता होगा यह वही जानती थी ।

इसलिए कुसुमपुर भी इसका अपवाद नहीं था । और नन्द की यह प्रवृत्ति वैसे ही बनी, यह बात भी नहीं थी । कुछ तो वह स्वयं भोग-विलासी था और कुछ उसके चारों तरफ स्वार्थी लोगों का जमघट लगा रहता था । और वे उसकी इस प्रवृत्ति को

अपने लाभ के लिए अधिक भड़काते थे ।

इसलिए कहने को तो यह वसन्त उत्सव था किन्तु सब लोग डरे हुए थे, पता नहीं कौन महाराज के कोप का भाजन बन जाए इसीलिए महाराज को तुष्ट करने के लिए उत्सव में भाग लेना उनके लिए एक लाचारी था ।

सुबह से दोपहर तक सारा कुसुमपुर सजा दया गया । मध्याह्न के बाद लोग रंगमंडल में आने आरम्भ हो गए । विशेष नृत्यांगनाएं बीच-बीच में अपनी सवारी से आती रहीं और अपने नियत स्थान पर साज-सज्जा के साथ बैठती रहीं । गायक अपने संगीत साजों के साथ उपस्थित थे । तभी दूर से एक शोर हुआ । कुछ लोग आपस में बोल उठे--"महाराज आ रहे हैं, महाराज आ रहे हैं ।"

महाराज नन्द का रथ धूल उड़ाता हुआ अपने सैनिकों और विशेष दल के साथ कुछ ही देर में कुसुमपुर आ गया ।

महाराज अपने रथ से उतरकर धीरे-धीरे मंच पर आए और चारों तरफ निहारते हुए अपने सिंहासन पर विराजमान हो गए । सभी ने उल्लास के साथ आवाज लगाई-"महाराज नन्द की जय हो ! जय हो महाराज नन्द की !"

महामंत्री राक्षस ने भी स्थान ग्रहण किया और महाराज के साथ आए सभी विशिष्ट समुदाय ने अपना स्थान ग्रहण किया ।

इस समय रंगमंडल साक्षात् देवराज इन्द्र की सभा लग रहा था ।

महाराज ने महामंत्री राक्षस को आदेश दिया-"उत्सव का कार्यक्रम आरम्भ किया जाए ।"

"जैसी आज्ञा महाराज !" कहते हुए राक्षस अपने स्थान से उठे और उन्होंने नागरिकों को सम्बोधित करते हुए कहा-"प्रिय नागरिको ! आज इस वसन्त उत्सव पर यह जो कुसुमपुर में आयोजन किया जा रहा है, इसमें हर वर्ष की भान्ति इस वर्ष भी श्रेष्ठ नृत्यांगना का चुनाव किया जाएगा ।"

और यह कहते हुए सूची के अनुसार महामंत्री ने एक सुन्दर युवति को देखते हुए आमंत्रित किया और वह युवति जैसे ही नृत्य करने के लिए महाराज से स्वीकृति लेने के लिए आगे बढ़ी, रूप के लोभी महाराज नन्द ने उसके सौन्दर्य को देखते हुए कहा-"अति सुन्दर ! किन्तु लगता है, अभी तुम्हारा यौवन संकोच की सीमा लांघकर बाहर नहीं आया । तुम्हारी आंखों में काम का वह भाव नहीं है जो रागरंजित होता है । अभी तुम अल्हड़ हो युवति !"

महाराज के हाथ का मदिरा का प्याला खाली हो चुका था और उनके नेत्रों में उन्माद के लाल डोरे उभर आए थे ।

"तुम नृत्यांगना हो और मदिरापान नहीं करती हो ?"

"हम तो नागरिक हैं देव ! हमारे लिए तो केवल कला के प्रदर्शन से जीविका प्राप्त करने का उद्देश्य ही प्रमुख होता है । यह हमारी आजीविका है, न तो व्यसन है और न शौक ।"

"अरे ! तुमने यह क्या कहा ! मगध में सुन्दरियों को आजीविका के लिए कष्ट नहीं उठाना पड़ता, क्या तुम्हें यह ज्ञात नहीं है ?" और महाराज ने आगे बढ़ते हुए उस नर्तकी को नृत्य का आदेश दे दिया ।

नर्तकियां आती रहीं, नूपुर खनकते रहे और महाराज नन्द नृत्यशाला से उठकर अपने कुंज में चले गए । कार्यक्रम अभी चल रहा था । महाराज के सेवक महाराज के लिए मदिरा और सुन्दरियों की सेवा में लगे हुए थे ।

वसन्त उत्सव में अब दृश्य बदल रहा था । महाराज नन्द मदिरा के उन्माद में बेसुध नागरिकाओं के साथ लिप्त थे और महामंत्री राक्षस एक नृत्यांगना से मनुहार कर रहा था– "चलो सुवासिनी ! कुंज में चलते हैं । लो एक पात्र और लो ।"

"नहीं महामंत्री, अब और नहीं । अब इसके बाद मैं सम्भल नहीं सकूंगी । अब मैं विश्राम चाहती हूं ।"

"विश्राम के लिए ही तो कह रहा हूं । यहां उत्सव की भीड़ में तुम विश्राम कैसे कर पाओगी ?"

"मैं अपनी सीमा जानती हूं महामंत्री । हम लोग नृत्य करके अपना पेट पालते हैं । यही हमारी सीमा है ।"

"सीमा क्या होती है ? मैं इसे नहीं मानता ।"

तभी एक नागरिक ने कहा–"क्या इच्छा है सुवासिनी ! हम लोग तो सेवक हैं । हमें तो तुम्हारी तरफ से एक सुन्दर आलाप की, एक मुग्ध करने वाले नृत्य की लालसा है ।"

"तो ठीक है, अभिनय के साथ यह नृत्य होगा ।" सुवासिनी ने कहा ।

मदिरा सबके ऊपर धीरे-धीरे अपना असर कर रही थी ।

सुवासिनी को नागरिकों के साथ इस प्रकार लिप्त देखकर राक्षस कटकर रह गया । उसकी मन की इच्छा मन में ही रह गई ।

और नागरिक उल्लास से उद्‌घोष करने लगे क्योंकि सुवासिनी ने जो उनकी इच्छा पर नृत्य करना स्वीकार कर लिया था ।

"सुन्दरियों की रानी सुवासिनी की जय हो !"

"नृत्यांगना सुवासिनी की जय हो !"

और इस उद्घोष के बीच में सुवासिनी ने मदिरा के प्रभाव में महामंत्री राक्षस का हाथ पकड़ते हुए कहा–"आओ मंत्री ! महाराज नन्द की सभा में तो तुम नित्य ही अभिनय करते हो, आओ इन सामान्य नागरिकों की सभा में हम-तुम मिलकर नृत्य करें ।"

तभी एक नागरिक ने कहा–"बिलकुल ठीक कहा देवी । आज तो कच और देवयानी का नाटक हो जाए ।"

"सचमुच हमारे राक्षस मंत्री तुम्हारे साथ कच के रूप में बिलकुल सही लगेंगे ।" और उन्माद में नागरिकों ने महामंत्री राक्षस को भी सुवासिनी के साथ नाटक में सम्मिलित कर लिया ।

नाटक शुरू हुआ और महर्षि शुक्राचार्य से संजीवनी विद्या प्राप्त करने के बाद कच स्वर्ग लौटने लगता है । वह जब स्वर्ग जाने के लिए तैयार हो गया तो देवयानी बनी सुवासिनी ने बड़ी मनुहार करते हुए उससे कहा–"हे प्रिये ! तुमने पिता के आश्रम में रहते हुए संयम का जो आदर्श उपस्थित किया है वह अपने आप में एक उदाहरण है । तुम सदाचारी भी हो और कुलीन भी पर तुमने आज तक यहां रहते हुए कभी यह अनुभव किया है कि कोई तुम्हारे आने और जाने के क्षणें का कितनी तन्मयता से अथवा उदासी के साथ अनुभव करता है ?

"तुमने मुझे सदैव स्नेह किया है । लेकिन इस स्नेह ने, जो तुमसे मुझ तक पहुंचा है मुझे भीतर तक भिगो दिया है और मैं उसी की तरंग में तिरती उतराती अब तक प्रेम की नाव खे रही हूं ।"

अपने पैरों के घुंघरुओं का स्वर बजाती हुई, उन्माद में हाथों से संकेत करती हुई सुवासिनी नृत्य, लय, ताल से सुरों को बांधती हुई बड़ी आकर्षक मुद्रा में कच बने राक्षस से अनुरोध करती है–"हे प्रिय ! मैं तो तुम्हारी आराधना करने वाली एक सेविका हूं, मैं तुमसे प्रेम करती हूं कच !"

और कच बने राक्षस ने हाथों के संकेत से कामातुर देवयानी से कहा– "इतनी आतुर मत होओ बहन ! गुरु शुक्राचार्य मेरे पिता हैं और तुम मेरे लिए पूजनीय हो ।"

कच के मुख से बहन का सम्बोधन सुनकर देवयानी बनी सुवासिनी ने अपने हाथों की भंगिमा से इस निषेध को अपना अपमान समझते हुए उससे कहा–"तुम मूर्ख हो कच ! एक प्रेमातुर कामिनी तुमसे प्रेम की याचना कर रही है और तुम निष्ठुर उसे अस्वीकार कर रहे हो । तुम किस धर्म की बात कर रहे हो ? वह जो मैंने धारण किया है तुम्हारे सान्निध्य में या जो धर्म तुमने अपने गुरु से पढ़ा है ?"

और फिर जब कच ने उसे प्रेमपूर्वक समझाया और वत्सल भाव से उसके

सिर पर हाथ फेरा तो देवयानी ने उस हाथ को अपने हाथों में लेकर अपने वक्ष पर रखते हुए कहा–"इस उत्ताप का अनुभव करो कच ! यह तुम्हारे प्रेम का सहज आश्रय चाहता है । यह लावा यदि नहीं पिघला तो मेरी क्या दशा होगी, क्या तुम्हें इसका अनुमान नहीं है ?"

"तुम धर्म के अनुसार मेरी बहन हो देवयानी ! मैं तुम्हारे स्नेह का सम्मान करता हूं । मुझे घर लौट जाने की अनुमति दो । जब भी कभी तुम्हें मेरा स्मरण हो तो पवित्र भाव से मेरा नाम लेना और गुरुदेव की सेवा करना ।"

"तुमने मेरे पिता से शिक्षा पाई है, इसका अर्थ यह नहीं कि तुम मुझे आचरण की सीख दो । मैंने तुमसे प्रेम किया है, प्रेम मांगा है । चाहे भिक्षा में दो और चाहे मेरा हाथ पकड़कर मेरे साथ पाणिग्रहण करो । यदि तुम धर्म और काम की सिद्धि के लिए मुझे ठुकराकर चले जाओगे कच ! तो मैं तुम्हें शाप देती हूं कि तुम्हारी संजीवनी विद्या सिद्ध नहीं होगी ।"

"यह क्या कह रही हो बहन ! तुम मेरे गुरु की पुत्री हो, मेरी भावनाओं को समझने का प्रयास करो । मैंने तुम्हें कोई दोष देखकर अस्वीकार नहीं किया बल्कि गुरुपुत्री जानकर तुम्हें प्रेम की पात्रा मानने में मुझे संकोच हो रहा है और गुरुदेव ने भी मुझे इसके लिए कोई आज्ञा नहीं दी । मैं अपना धर्म पाल रहा हूं देवयानी !

"यदि काम के आवेश में आकर तुम शाप ही देना चाहती हो तो दे सकती हो । यदि इसमें तुम्हें काम तृप्ति होती है तो मैं विरोध नहीं करुंगा ।"

"मैंने तुमसे प्रेम किया है कच ! मेरे और तुम्हारे बीच प्रेम का ही सम्बन्ध है और प्रेम का ही आदान-प्रदान । प्रेम का ही संवाद है और प्रेम का ही उपदेश । ये धर्म, नीति और गुरुदेव की आज्ञा इसमें कहां आ गए ? वो मेरे पिता हैं कच ! मैं अब भी कह रही हूं कि मेरा अनुरोध स्वीकार करो ।"

"मुझे अनुमति दो बहन !"

"जाओ, तुम्हारी मनोकामना कभी पूरी नहीं होगी ।"

"यह तुमने क्या कह दिया देवयानी ! तुमने यह शाप धर्म के अनुसार नहीं, काम के अनुसार दिया है । तो सुनो ! तुमने मेरी धर्मनिष्ठा का तिरस्कार किया है । कामना तुम्हारी भी पूरी नहीं होगी देवयानी ! मैं चाहता नहीं था कि तुमसे इतने कठोर शब्द कहूं और तुमने यह जो शाप दिया कि मेरी विद्या सिद्ध नहीं होगी तो इससे क्या अन्तर पड़ता है ? जिसे मैं यह विद्या सिखाऊंगा उसकी तो विद्या सफल होगी ।"

अभी यह संवाद हो ही रहा था कि अपने कुंज में से निकलकर महाराज नन्द

मंडप में आ गए और हाथों से करतल ध्वनि करते हुए उन्होंने कच और देवयानी को राक्षस और सुवासिनी द्वारा खेले गए इस नाट्य मंचन का स्वागत किया ।

सुवासिनी नृत्य की मुद्रा में ही हाथ जोड़कर महाराज के सम्मुख प्रणाम की मुद्रा में खड़ी हो गई ।

महाराज नन्द ने अपने गले से मूल्यवान मुक्ताहार निकालकर सुवासिनी को पहना दिया ।

यह गर्मी मोतियों के हार की थी या महाराज के हार देने के भाव में थी कि सुवासिनी को तत्काल पसीना आ गया ।

सुवासिनी के मस्तक पर उभरे स्वेद कण देखकर महाराज नन्द ने कहा–"क्यों सुवासिनी ! तुम चिंतित क्यों हो गई ?"

"महाराज ! हम तो साधारण नागरिक हैं । हमारी ऐसी पहुंच कहां कि महाराज के मुक्ताहार का सम्मान कर सकें । मैं इस हार के योग्य नहीं हूं महाराज ! मैं दुखियारी तो अपने इस जीवन को अभिनय में हंसकर अपना दुःख बांट लेती हूं अन्यथा मेरे इस सूखे रेगिस्तानी जीवन में मुस्कान के लिए तो कोई भी अवकाश नहीं ।"

महामंत्री राक्षस ने महाराज से कहा–"महाराज ! सुवासिनी नृत्य करके अब थक गई है, शायद वह विश्राम चाहती है ।"

महाराज नन्द ने राक्षस का यह अनुरोध स्वीकार कर लिया ।

सुवासिनी अपने शिविर में लौट गई और महाराज अपने विश्राम स्थल में । लेकिन महाराज को चैन कहां ! महाराज नन्द ने अपने एक सेवक से कहा–"जाओ ! उस अभिनेत्री को यहां बुलाकर लाओ ।"

"लेकिन महाराज ...." राक्षस ने बीच में अपनी बात कहने का प्रयास किया ।

"महामंत्री ! मंडप में हमने तुम्हारी बात मान ली क्योंकि वहां पर दर्शकों का बहुत बड़ा समूह उपस्थित था और हम नहीं चाहते थे कि विवाद प्रजा के सामने उपस्थित हो लेकिन तुम हमारी प्रकृति जानते हो, हम भी सुवासिनी का नृत्य देखेंगे ।"

सेवक सुवासिनी के कक्ष में पहुंचा और उसने महाराज का सन्देश सुनाया । सुवासिनी को इसी बात का भय था इसलिए उसने अपनी सुरक्षा के लिए एक कटार अपनी अंगिया में छिपा ली और ऊपर से चुनरी से उसको ढक लिया और वह थके कदमों से महाराज के शिविर में उनकी आज्ञा अनुसार उपस्थित हो गई ।

यह सुवासिनी ही तो महामंत्री शकटार की एकमात्र जीवित संतान के रूप में जीवन का श्राप भोग रही थी। जिसने पिता के वैभव काल में कभी धरती पर नंगा पांव नहीं रखा था आज वह सुवासिनी कामी नन्द की कामना का कलुषित अंश भोगने के लिए बाध्य हो गई। वास्तव में सुवासिनी राक्षस से भी जैसे-तैसे अपने को बचाए हुए थी क्योंकि उसके मन में तो आज भी वह विष्णुगुप्त ही बसा था जो उसका विष्णु था लेकिन देव का कोप ही कहा जाएगा कि तक्षशिला का आचार्य चाणक्य बनकर भी विष्णुगुप्त का सुवासिनी से सामना नहीं हो सका।

चाणक्य कुसुमपुर आया था तो उसका एक आकर्षण सुवासिनी भी थी किन्तु ब्राह्मण के द्वारा यह जानकर कि सुवासिनी अब यहां नहीं रहती और उसका पाना भी दुर्लभ हो गया है, किसी को भी पता नहीं कि वह कहां है, चाणक्य निराश लौट आया, आजन्म ब्रह्मचारी रहने का व्रत लेकर।

शायद इस विश्वास का दूसरा छोर पकड़े सुवासिनी भी भटक रही थी अपनी यात्रा के पड़ाव पर पहुंचने के लिए।

सुवासिनी को इस प्रकार विचार मुद्रा में देखकर सेवक ने कहा—"चलो सुवासिनी, महाराज तुम्हें याद कर रहे हैं।"

"हां, महाराज याद कर रहे हैं। यह समय उनके याद करने का है। मैं समझती हूं सेवक ! लेकिन....तुम भी तो मेरी तरह बाध्य हो आदेश पालन के लिए।"

और धीरे-धीरे सुवासिनी महाराज के कक्ष में उपस्थित हो गई।

महाराज के सामने जैसे ही सुवासिनी प्रणाम की मुद्रा में खड़ी हुई, महाराज ने कहा—"तुम्हारा अभिनय तो अभिनय नहीं हुआ।"

उनका एक चाटुकार बीच में बोल उठा—"ऐसा लग रहा था मानो साक्षात् देवयानी कच के प्रेम में आतुर समर्पण के लिए पूरी तरह तैयार हो।"

"महाराज," सुवासिनी ने कहा, "क्या मुझसे कोई अपराध हुआ है ?"

"नहीं, हम तुम्हारे साथ यह नाटक करना चाहते हैं।" और यह कहते ही महाराज ने अमृत रस का एक पात्र सुवासिनी के आगे कर दिया।

"मेरे साथ भी तो एक अभिनय करो।"

और यह सुनते ही सुवासिनी को एक शरारत सूझ गई क्योंकि वह वास्तव में राक्षस से प्रेम नहीं करती थी और उसे जो प्रेम का अभिनय करना पड़ा और कच बने राक्षस ने उसे अस्वीकार किया, और यदि यही अभिनय जीवन्त होता, वास्तविक होता तो इसके प्रतिकूल घटता—राक्षस प्रेम की याचना करता और सुवासिनी क्रोध में

उसका तिरस्कार करके उसे अपमानित करती हुई उसके सामने से निकल जाती। वह अपने इस नाटक का प्रतिकार चाहती थी। वह अभिनय कर रही थी लेकिन भीतर ही भीतर डर रही थी क्योंकि पात्र परिवर्तित था। यदि यहीं राक्षस की जगह विष्णुगुप्त होता तो सुवासिनी जीवन्त अनुभव कर सकती थी और अभिनय भी तब और भावमय हो जाता।

सुवासिनी ने नृत्य मुद्रा में अभिनय किया और भोली जनता इसकी गहराई को न समझकर इसी में आनंदित हो गई। पर सुवासिनी का मन चीत्कार कर रहा था क्योंकि वह राक्षस के साथ नाटक करते हुए भी मन से उसे स्वीकार करने का भाव नहीं ला सकती थी।

इसीलिए उसने महाराज से कहा–"एक बड़ी भूल हो गई देव !"

नन्द ने आश्चर्य से पूछा–"क्या भूल हो गई ?"

"आर्य राक्षस तो कच की मुद्रा में धर्मोपदेश देते रह गए क्योंकि उस नाटक में इनके अभिनय के लिए अवकाश ही कहां था इसीलिए आर्य राक्षस का अभिनयपूर्ण गायण तो हुआ ही नहीं।"

नन्द राक्षस को संकेत करते हुए कहता है–"महामंत्री ! देखो, आज सुवासिनी वसन्त उत्सव की रानी है और रानी की आज्ञा से तुम्हें गाना होगा, नृत्यपूर्वक गाना होगा।"

"लेकिन महाराज ! यह तो कृपा करेंगे कि सुवासिनी अपने हाथ से मुझे अमृत पात्र भर कर देगी ?"

झूमते हुए नन्द ने कहा–"जाओ स्वीकार है।" और फिर राक्षस सुवासिनी के सामने अपना गायन शुरू करता है।

राक्षस के नृत्य को देखकर सुवासिनी के मन में भी स्मृतियों का स्वप्न जाग जाता है, उसे लगता है कि कोई उसके हृदय पर अत्याचार कर रहा है। तभी एक नागरिक राक्षस के अभिनय को देखकर प्रसन्न मुद्रा में कह उठता है–"जय हो ! स्वर्गीय महामंत्री वक्रनास के कुल की जय हो।"

"तो..."

"महाराज ! आपको तो ज्ञात है कि आर्य राक्षस महामंत्री वक्रनास के भ्रातृपुत्र हैं।"

"यह तो हम जानते हैं। तभी तो हमने इनको अपना महामात्य बनाया है, दुष्ट शकटार के विद्रोह को शान्त करके। आज वह......"

सुवासिनी चौंककर बोल उठी–"महाराज, रुक क्यों गए ?"

"काल कोठरी में जीवन संध्या को बिताने के लिए अभिशप्त है ।" महाराज नन्द ने कहा और फिर राक्षस की ओर देखकर बोले–"हम तुम पर बहुत प्रसन्न हैं महामात्य राक्षस ।" और सम्राट नन्द अपनी एक अमूल्य माला राक्षस के गले में डाल देते हैं ।

नागरिक गण जयघोष करते हैं–

"सम्राट की जय हो ! महामात्य राक्षस की जय हो !"

और मदिरा के उन्माद में झूमते हुए महाराज नन्द बोल उठे, "मेरी कामनाओं की रानी ! सुन्दर गन्ध फैलाने वाली सुवासिनी ! तुम्हारी भी जय हो !"

❑❑

वसन्त उत्सव तो उल्लास के वातावरण में समाप्त हो गया लेकिन जब सुवासिनी अपने घर को लौट रही थी, तभी उसे कहीं से यह आवाज सुनाई पड़ी–"यह देखो राज वेश्या किस प्रकार गौरव के साथ मस्तक ऊंचा किए चली आ रही है । इसे अपने आदर्शवादी पिता की प्रतिष्ठा का भी ध्यान नहीं ।"

यह सुनकर सुवासिनी का मन रो उठा । वह तेज कदमों से चलकर मन्दिर के उद्यान में पहुंच गई । यहां राक्षस पहले से ही उसकी प्रतीक्षा कर रहा था ।

सुवासिनी की बात सुनकर राक्षस ने उसे समझाते हुए कहा–"जिद मत करो सुवासिनी ! ब्राह्मण की बात को भूल जाओ । ये लोग धर्मभीरु होते हैं ।"

"नहीं अमात्य ! मैं अपने लिए वेश्या शब्द सुनकर जितनी आहत हुई हूं मैं चाहती हूं कि उसे अपने इस कथन का दण्ड मिले ।"

"मैं मानता हूं कि यह उसका तुम्हारे प्रति अन्याय था ।"

"इसीलिए तो मैं उसका प्रतिकार चाहती हूं और यदि तुमने उसका प्रतिकार नहीं किया तो मैं जानूंगी कि तुम भी एक कठोर ब्राह्मण हो ।"

"सुवासिनी ! मैं मन से बौद्ध मत का समर्थक हूं और यह मानता हूं कि संसार दुःखमय है लेकिन मैं क्षणिक जीवन की घड़ियों को सुखी बनाने का पक्षपाती हूं और तुम जानती हो कि मैं भिक्षुक इसीलिए नहीं बना कि मेरे मन में विवाह-की इच्छा अभी भी बनी हुई है । इसे मैं तुमसे पूरा करना चाहता हूं सुवासिनी !"

"तो फिर तुम्हें मेरे कारण राजचक्र से बौद्ध मत का प्रचार करना होगा ।" सुवासिनी ने कहा ।

"मैं इसके लिए तैयार हूं सुवासिनी ! मैं तुम्हारा विश्वास करता हूं ।"

"यदि ऐसी बात है तो मैं तुम्हारे प्रति समर्पित हूं, राक्षस ! मुझे भी विश्वास

है कि कोई भी बुरा आचरण सदाचार से शुद्ध हो सकता है । संघ में इसका समर्थन है, वह सबको शरण देता है आर्य राक्षस ! और हम दोनों उसके अनुगामी बनते हैं, सुख भोगेंगे ।''

''मुझे विश्वास नहीं होता सुवासिनी कि तुम मेरा प्रस्ताव इतनी शीघ्रता से स्वीकार कर लोगी । तुम जानती हो, जब महाराज नन्द ने तुम्हारे कपोलों पर हाथ फिराने का प्रयास किया था तो तुम्हारे शरीर की सारी सिहरन का मैं प्रत्यक्षदर्शी रहा हूं । और जब उन्होंने तुम्हें अपनी मुक्ता माला दी थी तो तुम्हारे माथे का पसीना तुम्हारी इस भंगिमा को स्पष्ट कर रहा था, जो महाराज के डर के मारे घृणा और भय के मिश्रित भाव से उपजी थी ।''

''सच प्रिय ! मुझे तुम्हारी अनुचरी बनकर रहना स्वीकार है किन्तु नन्द की विलासी दासता की पात्र बनकर मैं आत्महत्या नहीं करना चाहती । आओ मैं तुम्हें तुम्हारे आश्रय तक छोड़ दूं ।'' और दोनों धीरे-धीरे चल पड़ते हैं ।

सुवासिनी की ठोड़ी पकड़कर ऊपर उठाते हुए उससे विदा लेते समय राक्षस कहने लगता है–''कुसुमपुर का यह कुसुम मेरे जीवन की बगिया को सुवासित करेगा, यह स्वप्न तो मैंने देखा था लेकिन यह सत्य हो जाएगा, जानकर आज मैं बहुत प्रसन्न हूं ।''

सुवासिनी से विदा होकर ज्यों ही राक्षस अपने भवन की ओर लौटने लगा, अचानक उसे शोर सुनाई दिया ।

राजकुमारी कल्याणी अपनी सवारी पर बैठी हुई सखी के साथ भ्रमण के लिए जा रही थीं । राक्षस अपने मार्ग पर बढ़ गया और राजकुमारी आगे बढ़ गई ।

राजकुमारी अपने राज-उद्यान में अभी प्रवेश ही कर पाई थीं कि अकस्मात् एक शिकारी चीता अपने पिंजरे से निकलकर भाग खड़ा हुआ है, उन्हें यह समाचार मिला ।

वह चीता कैसे दौड़ता हुआ नगर के उस उद्यान में आया और चीते ने राजकुमारी और उसकी सखी पर आक्रमण कर दिया, यह वह जान ही न सकीं ।

उन्होंने तो जब आंखें खोलीं तो उस चीते को दूर एक वृक्ष के पास मरा हुआ पाया और पास की झाड़ियों से निकलकर एक तेजस्वी युवक ने उनसे पूछा–''कहिए राजकुमारी जी ! आप सकुशल तो हैं ?''

''हां वीर युवक ! हम तो सकुशल हैं लेकिन तुम कौन हो ?''

''मैं तक्षशिला का स्नातक चन्द्रगुप्त आपको नमस्कार करता हूं राजकुमारी जी ।''

"मैं तुम्हें पहचान नहीं पाई ।"

"हां, कई वर्ष तक्षशिला में रहने के कारण जो किशोर यहां छोड़ गया था, वे अब युवक हो गए हैं । मैं भी अपने कई बाल साथियों को पहचान नहीं पाया ।"

"आपने हमारी जान बचाकर जो हम पर अनुग्रह किया है, हम इसके आभारी हैं ।"

अभी ये लोग बात कर रहे थे कि तभी महामंत्री और उनके साथ कई सैनिक उद्यान में राजकुमारी की चीख सुनकर आ गए ।

"कहिए राजकुमारी जी ! आपको कोई चोट तो नहीं आई ?"

"नहीं महामंत्री राक्षस ! यह जो स्नातक तक्षशिला से आए हैं, इनके हाथ में यह रक्तसनी तलवार देख रहे हो, इन्होंने ही इस जंगली चीते का शिकार किया है ।"

"मैं तुम्हारा धन्यवाद करता हूं कुमार !"

"इसमें धन्यवाद की कोई बात नहीं महामंत्री ! जिस राज्य का मैंने अन्न खाया है और जिस राज्य के द्वारा प्राप्त राजवृत्ति से मैंने तक्षशिला विश्वविद्यालय में शिक्षा ग्रहण की है, उसकी राजकुमारी की रक्षा करना मेरा धर्म है ।"

ये बातें सुनकर राजकुमारी ने अनुरोध करते हुए चन्द्रगुप्त से कहा–"कुमार ! चलो मैं तुम्हें अपने पिता महाराज नन्द से पुरस्कार दिलाती हूं ।"

"मैंने यह काम पुरस्कार के लिए नहीं किया लेकिन महाराज से मिलने की मेरी इच्छा अवश्य है । मुझे आभार भी प्रकट करना है और आचार्य चाणक्य का संदेश भी देना है ।"

महाराज नन्द को जब यह समाचार मिला कि तक्षशिला से एक स्नातक आया है, उसने आते ही राजकुमारी की चीते से रक्षा करते हुए राज्य के प्रति अपनी निष्ठा का प्रदर्शन किया है तो महाराज अत्यन्त प्रसन्न हुए लेकिन जब उन्हें यह समाचार मिला कि यह कुमार तक्षशिला के आचार्य चाणक्य का संदेश लाया है तो उनकी भृकुटि तन गई ।

चन्द्रगुप्त के आने पर महाराज ने उससे कहा–"कहो, चणी के उस दुष्ट पुत्र ने तुम्हें क्या संदेश देकर भेजा है ? उसमें यह साहस कैसे आ गया कि तुम्हें अपना संदेश देकर यहां भेज सके ।"

"क्षमा करें महाराज ! लेकिन आपको आचार्य चाणक्य के प्रति इतने कठोर शब्द शोभा नहीं देते । आप कृपया गुरुदेव का अपमान न करें । मैं यहां उत्तरापथ से एक विशेष उद्देश्य से आया हूं और आचार्य चाणक्य ने भी यही कहा है ।"

"देखो कुमार ! तुमने मेरी पुत्री के प्राणों की रक्षा की है इसलिए मैं तुम्हारा यह अपराध क्षमा करता हूं । तुम जो कहना चाहते हो कहो लेकिन दुष्ट ब्राह्मण के लिए आचार्य सम्बोधन मेरे सामने मत करो ।"

"महाराज ! मैं जो कुछ कह रहा हूं, वह आप ही के लिए नहीं बल्कि पूरे आर्सावर्त के हित की बात है । और इस समय हमें आपसी वैमनस्य छोड़कर एक जुट होकर शत्रु का सामना करना होगा ।

"आपने मुझे ज्ञान प्राप्त करने के लिए तक्षशिला विश्वविद्यालय भेजा था राजवृत्ति देकर । और मैंने अपनी आंखों से गांधार देश का पतन देखा है और यह आपत्ति पंजाब प्रदेश के ऊपर मंडरा रही है, उसके बहुत करीब आ गई है । मेरा कथन सिर्फ इतना है कि यह संकट पर्वतेश्वर से आगे पूर्व में मगध और मध्य देश में मालव तक पहुंचने में देर नहीं लगेगी ।"

"हे मूर्ख युवक ! तो क्या तुम समझते हो कि मैं पुरु की रक्षा करूंगा, जिसने मुझे अपमानित किया था । और यवनों की सेना अगर उत्तरापथ से पर्वतों तक आ गई है ता पर्वतेश्वर अपना शौर्य दिखलाएं ।"

"देखो कुमार ! पर्वतेश्वर के गर्व को तो मैं भी चूर करना चाहती हूं । मैं वृषल कन्या हूं और उसे यह दिखाना चाहती हूं कि राजकन्या किसी क्षत्राणी से कम नहीं होती ।

"और आप सेनापति को आज्ञा दें पिताजी ! कि गांधार युद्ध में मगध की सेना अवश्य जाए और उसका संचालन मैं स्वयं करूंगी और पराजित पर्वतेश्वर को सहायता देकर मैं उसे नीचा दिखाऊंगी ।"

"राजकुमारी ! यह राजनीति का प्रश्न है, महलों का विलास नहीं ।" राक्षस ने कहा, "पर्वतेश्वर को अपने गर्व का फल स्वयं भोगने दो ।"

"देखो चन्द्रगुप्त ! मगध की सेना पर्वतेश्वर की रक्षा के लिए नहीं जाएगी । और न उस नीच उद्दण्ड चाणक्य का कोई संदेश मेरे लिए महत्त्व रखता है । तुम्हें अपना ही नागरिक मानकर यह परामर्श देता हूं कि तुम मगध में राज्य की सेवा करो ।"

"महाराज ! क्षमा करें, आप यहां सीमा से इतनी दूर वसन्त उत्सव में लिप्त हैं लेकिन यह जान लीजिएगा कि मगध समूचे राष्ट्र राज्य भारत का एक इकाई राज्य है और पूरा आर्यावर्त उत्तर-दक्षिण, पूरब-पश्चिम चारों दिशाओं के सभी राज्यों को मिलाकर बनता है । यदि सुलेमान पर्वत से परे के हिस्से के यवन आक्रमणकारी इस आर्यावर्त की शान को क्षति पहुंचाएंगे और हमारी संस्कृति को आघात पहुंचेगा तो

इतिहास आपको क्षमा नहीं करेगा महाराज ! आप देख रहे हैं यह तलवार पशु के रक्त से रंगी हुई है और आक्रान्ता भी पशु है । इस तलवार में इतनी शक्ति है कि वह म्लेच्छ आक्रमणकारी को अपनी जमीन पर आने से न केवल रोके बल्कि ऐसा पाठ पढ़ा दे कि वह कभी भी किसी दूसरे की जमीन को हथियाने का प्रयास न करे । पर यह तलवार अकेली है जबकि यवनों के पास आधुनिक युद्ध कला से सज्जित कुशल तोपचियों से संचालित बड़ी-बड़ी तोपें हैं । वे अस्त्र युद्ध में महारत हासिल किये हुए हैं । यह मैं उनके द्वारा लड़े गए पूर्व युद्ध के आधार पर कह सकता हूं ।

"मुझे संशय है कि महाराज पुरु की सेना में अगर कहीं गज दशा छोड़ बैठे तो खलबली मच जाएगी । इसलिए सैनिकों का मनोबल बनाए रखने के लिए मगध की सेना की सहायता बहुत आवश्यक है । मेरा निवेदन है कि आप अपने पूर्व वैर को त्यागकर आचार्य चाणक्य के परामर्श पर ध्यान दें ।"

नन्द को यह सुनकर क्रोध आ गया और उसने कहा–"तुम अभी तक उस दुष्ट को आचार्य कह रहे हो । मैं कहता हूं कि उस नीच का तुम मेरे सामने नाम मत लो और जाओ, चले जाओ यहां से । मैं किसी भी मूल्य पर मगध की सेना को पर्वतेश्वर की सहायता के लिए नहीं भेज सकता । और यदि तुमने इसके आगे एक भी शब्द कहा तो मैं तुम्हारे उपकार को भूलकर तुम्हारी उद्दण्डता के फलस्वरूप तुम्हें बन्दी बनाने का आदेश दूंगा ।"

"महाराज ! मुझे निश्चय हो गया कि विनाश काल में बुद्धि विपरीत हो जाती है ।"

"सैनिक ! इस उद्दण्ड कुमार को राज्य की सीमा से बाहर कर दो । यह राज्यघाती है, द्रोही है । इसकी रगों में भी स्वाभिमान का नहीं बल्कि अपमान का खून दौड़ रहा है ।"

ज्यों ही सैनिक चन्द्रगुप्त को बन्दी बनाने के लिए आगे बढ़े, उसने अपनी चमकती तलवार से उन सैनिकों को रोक दिया ।

"महाराज ! मगध के सैनिकों में अभी इतना साहस नहीं कि चन्द्रगुप्त के हाथ में तलवार होते हुए उसे बन्दी बना लें । मैं आपका सम्मान करता हूं लेकिन आपकी बुद्धि पर जो संकीर्णता और पारस्परिक द्वेष का पर्दा पड़ा हुआ है उसे अवश्य दूर करना होगा इसलिए अब यह जान लीजिएगा कि आपके राज्य के दिन पूरे हो गए हैं ।

"आचार्य चाणक्य ने जो आपको वंशमूल सहित नष्ट करने का संकल्प किया

था, मैं आपकी सभा में उस संकल्प को दोहराते हुए यह प्रतिज्ञा करता हूं कि आर्यावर्त की रक्षा के लिए यदि मुझे मगध से विद्रोह भी करना पड़ा तो मैं करूंगा ।''

और यह कहते हुए चन्द्रगुप्त विलासी राजा नन्द की सभा से कूच कर गया । महाराज नन्द,अमात्य राक्षस और राज्य-सैनिक उसे जाते हुए देखते रह गए ।

सही है सूरज की धूप कोई अपनी हथेलियों में बन्द नहीं कर सकता और न चन्द्रमा को अपने आंचल में छिपा सकता है । आचार्य चाणक्य का यह शिष्य ऐसा ही तेजवान था ।

नन्द अपनी इस आकस्मिक पराजय पर सोचते रह गए और चन्द्रगुप्त तक्षशिला लौट गया ।

सिन्धु के उस पार सिकन्दर

''कितने दुःख की बात है, सिन्धु नदी पर पुल बनाया जा रहा है और उसकी देख-रेख मेरा अपना ही भाई आम्भीक कर रहा है और असहाय पिता केवल दर्शक बन कर रह गए हैं ।

''धृतराष्ट्र तो अन्धे थे इसलिए वे दुर्योधन की उद्दण्डता भांप नहीं सके किन्तु मेरे पिता तो आंख से देख सकते हैं, पर अपने कमजोर कन्धों का क्या करें ?''

''हां अलका, तुम ठीक कह रही हो । मैं मालव कन्या और तुम गांधार नरेश की पुत्री हो । इस आर्यावर्त को पददलित होने से बचाने में हमें प्राणपण से आचार्य चाणक्य का सहयोग करना होगा ।''

''लेकिन हम कर क्या सकते हैं मालविका !''

''राजकुमारी ! मैं स्वयं अपनी आंखों से देखकर आई हूं सिन्धु पर बनते हुए सेतु को । युवराज स्वयं उसका निरीक्षण कर रहे हैं । यह देखो, मैंने उस सेतु का एक मानचित्र भी बनाया है । चित्र अधूरा सा है लेकिन देखने से यह आभास मिल जाएगा ।''

अभी मालविका वह मानचित्र अपनी कंचुकी से निकालकर अलका को दिखा ही रही थी कि उन्हें किसी के आने की आहट लगी । वह जोर से चिल्ला पड़ी–''कौन हो ? कौन हो तुम ?''

तभी एक यवन सैनिक बीच में बोल उठता है–''मैं इसे पहचानता हूं, यह गुप्तचर है । लाओ यह मानचित्र तुम मुझे दे दो, मैं महाराज के सामने इसे प्रमाण रूप में प्रस्तुत करते हुए बन्दीगृह में डलवा दूंगा ।''

"लेकिन तुम कौन हो ? और यहां कैसे आए ?"

"मैं विश्वविजेता सिकन्दर का सेवक हूं और तक्षशिला से सिकन्दर की मित्रता हो गई है इसलिए यहां आने का अधिकार मुझे गांधार नरेश ने दिया है ।"

"मैं भी गांधार नरेश की पुत्री हूं इसलिए गांधार पर मेरा भी कुछ अधिकार है और मुझे विश्वास है कि महाराज स्वयं ऐसा आदेश नहीं दे सकते कि कोई व्यक्ति राज्य की स्त्री के साथ अभद्र व्यवहार कर सके ।"

"लेकिन मानचित्र तो आपको देना ही होगा । यह वही मानचित्र है जिसे इस स्त्री ने गुप्त वेश में वहां जाकर बनाने का प्रयास किया ।"

"क्या किया था और क्या नहीं किया था, इसे छोड़ो और यहां से चुपचाप चले जाओ ।"

"क्यों मूर्ख यवन सैनिक ! युवतियों को अकेला देखकर अपनी नीचता पर उतर आए !" अकस्मात् उधर से आए सिंहरण ने यवन सैनिक को अपनी तलवार के वार से धराशायी कर दिया । लेकिन अलका ने उसे मारने से बचा लिया ।

"इस निरीह सैनिक को मारकर कोई लाभ नहीं होगा सिंहरण ! क्यों कि पिता जी ने यवनों के आगे आत्म-समर्पण कर दिया है ।"

"यह तो बड़ा अनर्थ हो गया । यदि आज गांधार नरेश महाराज पुरु से अपना पुराना वैर भूलकर परस्पर मिलकर सिकन्दर का सामना करते तो सिकन्दर आर्यावर्त की ओर मुंह नहीं कर सकता था ।"

उस घायल सैनिक को वहीं उसी दशा में छोड़कर ये लोग नाव के सहारे सिन्धु नदी पार कर जाते हैं । केवल अलका रह जाती है और वह यवन मन मसोस कर रह जाता है और क्रोध में अलका को ही बन्दी बना लेता है और उसे गांधार नरेश के सामने पेश कर देता है ।

क्या समय था ! बूढ़े गांधार नरेश अभी भी अपनी तृष्णा की तृप्ति को पूर्ण करने मैं लिप्त थे और उनका पुत्र आम्भीक राज्य के सत्य को स्वीकार करने में हिचकिचा रहा था ।

गांधार नरेश के मन में बार-बार यही सवाल उठ रहा था कि वे चाहें तो आम्भीक को रोक सकते हैं, अगर धृतराष्ट्र भी चाहते तो दुर्योधन को रोक सकते थे । लेकिन महाविनाश को कौन कब रोक सका है !

अभी वे सोच ही रहे थे कि यवन सैनिक उनकी अपनी ही बेटी को बन्दी बनाए उनके सामने प्रस्तुत हुआ ।

"तुम ? तुम ?"

"हां महाराज !"

"यह क्या मजाक है ? सैल्यूक्स ! क्या तुम नहीं पहचानते कि यह मेरी बेटी अलका है ?"

"महाराज ! मैं यह तो नहीं जानता कि यह कन्या आपकी पुत्री है लेकिन इतना अवश्य जानता हूं कि नदी पर जो पुल बांधा जा रहा है, उसका मानचित्र इन्होंने एक स्त्री से बनवाया और जब वह चित्र मैंने इनसे मांगा तो पता नहीं कैसे एक युवक बीच में आ टपका । मैं निवेदन करता रह गया और उसने मुझ पर तलवार का वार कर दिया ।"

"क्यों बेटी ! क्या यह सच कह रहे हैं ?"

"हां पिताश्री !"

"तो सैल्यूक्स, इसमें चिन्ता की क्या बात है ? मानचित्र से तुम्हारा पुल बनने का काम रुक तो नहीं जाएगा ?"

"लेकिन महाराज ! मानचित्र पुल को विध्वंस करने में सहायक हो सकता है ।"

"मेरी बेटी इतनी नासमझ नहीं है ।"

तभी आम्भीक बीच में बोल पड़ा–"पिताजी ! आप नहीं समझते, हमारे बीच एक बहुत बड़ा षड्यन्त्र पल रहा है और उसका केन्द्र तक्षशिला में पनप रहा है और अलका उस रहस्य की कुंजी है ।"

कुटिल मुस्कराहट चेहरे पर लाते हुए अलका ने कहा–"तभी आपने मुझे बन्दी कराया है भाई ! तुम कायर हो आम्भीक ! सिंहरण से तुम परास्त हुए, चन्द्रगुप्त का सामना करने का तुममें साहस नहीं और पर्वतेश्वर को नीचा दिखाने के लिए जब तुम्हें लगा कि तुम्हारा सैन्य-बल कमजोर है तो तुमने पर्वतेश्वर के विरुद्ध सिकन्दर से सन्धि कर ली । इस तरह शक्ति का सन्तुलन तुमने झकझोर कर रख दिया ।"

और फिर अपने पिता गांधार नरेश को सम्बोधित करते हुए अलका ने कहा–"पिताश्री ! आज भाई ने मुझे बन्दी बनाया है, कल आपको बनाएगा और इस तरह अपने अहम् की तुष्टि के लिए गांधार की जनता नीच यवनों की दास हो जाएगी और इसका दायित्व होगा आपकी शिथिलता पर और आपके पुत्र की अहम्मन्यता पर ।"

"ऐसा मत कहो राजकुमारी !" सैल्यूक्स ने सन्धि की शर्तों का खुलासा करते हुए कहा–"सन्धि के अनुसार गांधार हमारा मित्र राज्य है ।"

"लेकिन इस मित्रता के बाद भी आपके कदम न रुकेंगे, न लौटेंगे । क्यों कि

आपके अनुसार दो ही विकल्प हैं–या तो आपकी दासता स्वीकार कर ली जाए या युद्ध किया जाए । आम्भीक ने दासता मिश्रित मित्रता चुनी है और पर्वतेश्वर आपसे युद्ध करके पराजित होने का अभिशाप झेलने के लिए बाध्य है क्योंकि आर्यावर्त राष्ट्र राज्य की इकाइयां विभक्त हैं ।

"आप हमें मूर्ख मानते हैं ? ऐसा नहीं है यवन सेनापति ! अगर भाई आम्भीक गांधार सेना को आपके सम्मुख एक रुकावट के रूप में, एक ढाल के रूप में खड़ी करने का साहस जुटाता और मगध, पंचनद, मालव आदि राज्य आपसी वैर-भाव को भुलाकर संयुक्त प्रयास करते और तब आप हथियार डालकर मैत्री का प्रस्ताव करते, तब वह मैत्री सम्मानजनक होती, वीर श्रेष्ठ सैल्यूक्स !"

"तुम यह क्या बहकी-बहकी बातें कर रही हो ? तुम नहीं जानती हो कि राजनीति किसे कहते हैं और उस उद्दण्ड पर्वतेश्वर ने मेरा जो अपमान किया है, उसका बदला भी तो मुझे उससे लेना था ।"

"अलका ! यह बात तो मेरे मन में भी फांस की तरह चुभी हुई है कि पर्वतेश्वर ने आम्भीक के विवाह का प्रस्ताव अपनी बेटी के साथ करने से अस्वीकार कर दिया था और यहां तक कि वितस्ता के इस ओर उसने अपनी चौकी भी बना ली थी जो सन्धि के विरुद्ध है ।"

"इसके लिए तो आप उससे युद्ध कर सकते थे । एक बाहरी हस्तक्षेप से तो बचा ही जा सकता था ।"

"तुम दोनों ठीक ही कह रहे हो लेकिन मैं क्या करूं ?"

"मुझे दण्ड दीजिए पिताजी !"

"यह कैसे सम्भव हो सकता है ?"

"तब आज्ञा दीजिए, मैं राज्य मन्दिर छोड़कर चली जाऊं ।"

"क्या करोगी जाकर ?"

"विद्रोह करूंगी गांधार में जाकर ।"

"नहीं, तुम ऐसा नहीं कर सकतीं बेटी ! यह हमारी प्रतिष्ठा का प्रश्न है ।"

"जन्मभूमि की प्रतिष्ठा का प्रश्न आपकी प्रतिष्ठा से बड़ा है पिताजी !"

"तब मैं तुम्हें अपने हाथों से मार डालूंगा अलका !" आम्भीक ने उत्तेजित होकर अपनी खड्ग बाहर निकाल ली ।

"अलका ठीक कहती है आम्भीक ! यह खड्ग म्यान में रख लो । तुममें यदि क्षत्रित्व होता तो तुम पुरुराज से स्वयं युद्ध करते, भीरु होकर यवनों से सन्धि का कायरतापूर्ण आचरण न करते ।"

अलका मन में सोच रही थी–चलो पिता बुद्ध ही सही लेकिन धर्म के पक्षधरों में आगे हैं । वह तेज गति से महल से निकल जाती है ।

यहां गांधार प्रदेश में पिता और पुत्र के बीच एक द्वन्द्व चल रहा है । दोनों ही विचार के अलग-अलग छोर पर खड़े हैं ।

निराश महाराज गांधार आम्भीक से कह देते हैं, "जाओ, तुम चले जाओ आम्भीक ! जो इच्छा हो वह करो । जो मुझ पर पड़ेगी, मैं सह लूंगा ।"

और इधर अलका पर्वतों, गुफाओं, घने जंगलों को पार करती हुई एक अज्ञात रास्ते की ओर बढ़ गई । वह अकेली थी ।

अभी वह अपनी यात्रा का उद्देश्य तय भी नहीं कर पाई थी कि उसे शिकारी के वेश में सैल्यूक्स दिखाई पड़ता है ।

उसके कानों में आवाज आती है–"तुम यहां कहां भटक रही हो अलका ?"

"तुम फिर आ गए ? तुम मेरा पीछा कर रहे हो ?"

"यहां तो तुम अकेली हो !"

"यह मेरा देश है । इस भूमि का एक-एक कण मेरा है । जंगल, पहाड़, नदियां मेरी हैं, तो मैं इन्हें छोड़कर कहां जाऊंगी ?"

तभी उसे एक युक्ति सूझती है--"देखो, वह तुम्हारे पीछे सिंह आ गया है ।" सैल्यूक्स का ध्यान बंटता है और अलका इतनी ही देर में दूर निकल जाती है ।

इधर अलका गांधार पर यवनों के आधिपत्य से चिंतित है, दूसरी ओर आचार्य चाणक्य पंचनद नरेश पर्वतेश्वर को समझाना चाहते हैं और वह चाणक्य की बात सुनकर बोल उठता है–"आर्य चाणक्य ! आपकी बातें मेरी समझ में पूरी तरह नहीं आ पाईं । मुझे इस समय यवनों से युद्ध करना होगा, मैं अपना एक भी सैनिक मगध नहीं भेज सकता ।"

"पर्वतराज ! तुम समझ क्यों नहीं पा रहे ? विलासी नन्द को पराजित करने के लिए मुट्ठी भर सैनिक ही तो चाहिएं और फिर उसके बाद एक लाख सैनिकों से अधिक विस्तार वाली समूची मगध सेना तुम्हारी पताका के नीचे युद्ध करेगी । जिस सेना ने तुम्हारे साथ सहयोग न करने का रास्ता अपनाया था, नन्द के अपदस्थ होने के बाद वही सेना तुम्हारी विजय में अपना सहयोग देगी पर्वतेश्वर !"

यह योजना चाणक्य की थी कि यदि पंचनद नरेश अपनी सेना की एक टुकड़ी को मगध के लिए रवाना कर दें तो एक ही रात्रि में पाटलिपुत्र नरेश नन्द का सूर्य अस्त किया जा सकता है और फिर उसके स्थान पर आर्य चन्द्रगुप्त को प्रतिष्ठित

करके मगध का सारा सैन्य बल समूचे आर्यवर्त की रक्षा के लिए प्रस्तुत किया जा सकता है ।

"और इस मगध विद्रोह का नेतृत्व कौन करेगा ? कौन खड़ा होगा नन्द के विरुद्ध ?"

"मगध के पूर्व सेनापति मौर्य का पुत्र चन्द्रगुप्त ।"

"तो क्या आप वृषल को राज्य सिंहासन देंगे ?"

"तुम भूल रहे हो पर्वतेश्वर ! आर्य आचरण के लोप होने पर ही ये लोग वृषल बने वरना वास्तव में तो ये क्षत्रिय ही हैं । बौद्धों के कारण इनके संस्कार छूट गए । मुझे विश्वास है कि चन्द्रगुप्त अपने क्षत्रिय होने का पूरा परिचय देगा ।"

"अच्छी कल्पना कर लेते हैं आप !" पर्वतेश्वर ने हंसकर कहा ।

"यह कल्पना नहीं, परम्परागत सत्य है राजन ! स्मरण करो, जब महर्षि वसिष्ठ का ब्राह्मणत्व संकट में आया था तब कितनी ही जातियां क्षत्रिय धर्म में संस्कारित हो गई थीं । पल्लव, दरद और कम्बोज सभी क्षत्रिय बन गए थे ।"

"आप अपने से उन समर्थ ऋषियों की तुलना कर रहे हैं ?"

"इसका विचार तो भविष्य करेगा पर्वतेश्वर कि ऋषि कौन बनता है ? तुम अभिमान में तर्क से नहीं कुतर्क से समस्या से उलझे हो । तुम इसके निर्णायक नहीं हो सकते ।"

"और मेरी सेना भी मगध के लिए उपलब्ध नहीं हो सकती ।"

"ठीक है, यदि तुम आर्यावर्त को पदक्रान्त ही करना चाहते हो तो करो लेकिन इतना स्मरण रखना कि तुमने अपनी पराजय के लिए मार्ग खुद प्रशस्त किया है और चयन में भूल भी तुम्हारी है ।"

"तुम चले जाओ चाणक्य, मैं किसी अभिशाप से नहीं डरता । तुम मेरी सीमा से बाहर हो जाओ ।"

और चाणक्य आकाश की ओर देखकर मानो विधाता से कह रहे थे–"ओ तिरस्कृत ब्राह्मणत्व ! देख नियति का दृश्य और अपने कर्म की परिणति । नन्द जैसे क्लीब ने सत्परामर्श देने पर शिखा पकड़कर खींचते हुए सभा से निर्वासित किया और अब इस दुरभिमानी पौरव ने राज्य से निर्वासित किया । अब तो जल उठ ब्राह्मण्त्व ! एक बार तो अपनी पूरी ज्वाला से जल ताकि उस ज्वाला से तेरे पोषक वैश्य, सेवक शूद्र और रक्षक क्षत्रिय उत्पन्न हों ।" और यह कहते हुए चाणक्य पर्वतेश्वर की सभा छोड़कर बाहर आ गए ।

चन्द्रगुप्त उनके साथ था ।

दोनों अपने मार्ग पर चलते हुए बहुत थक गए थे ।

"आचार्य ! अब तो शरीर की नसें ढीली पड़ गई हैं, बहुत प्यास लगी है । कुछ देर के लिए कहीं ठहरना चाहिए ।"

"लेकिन वहीं तो ठहरोगे वत्स, जहां पानी होगा, प्यास बुझेगी ।"

और धीरे-धीरे चलकर वे एक सरोवर के पास आकर ठहर गए ।

"अब और नहीं चला जाता आचार्य !"

"ठीक है, तुम वृक्ष के नीचे बैठो । मैं सामने से जल लेकर आता हूं ।"

ज्यों ही चाणक्य जल लेने गए, सोए हुए चन्द्रगुप्त पर एक भीषण व्याघ्र कूदकर उसे अपना भोजन बनाने के लिए आतुर होता हुआ गुर्राने लगा ।

पता नहीं कहां से यवन सेनापति सैल्यूक्स ने यह देख लिया और पहले तो शीघ्र ही सैल्यूक्स ने उस व्याघ्र को अपने धनुष से घायल करके मार डाला और फिर चन्द्रगुप्त की चेतना को लौटाने का प्रयास करने लगा । तभी चाणक्य जल लेकर आ गए ।

चाणक्य के हाथ में जल देखकर सैल्यूक्स ने कहा–"क्या इस पथिक की प्राणरक्षा के लिए आप थोड़ा जल दे सकेंगे ?"

चाणक्य जल के छींटे देकर चन्द्रगुप्त को चैतन्य करते हुए अपरिचित सैल्यूक्स से पूछते हैं–"तुम कौन हो ?"

"मैं यवन सेनापति सैल्यूक्स हूं । और आप ?" उसका प्रश्न था ।

"एक ब्राह्मण !"

"और यह जो वीर पुरुष है, क्या तुम इसके साथी हो ?"

"हां सेनापति ! मैं इस राजकुमार का गुरु हूं ।"

"आप कहां रहते हैं ?"

"यह चन्द्रगुप्त मगध का निर्वासित राजकुमार है ।"

"अरे !" कुछ विचारता हुआ सैल्यूक्स कहता है–"तब तो अभी आप मेरे शिविर में चलें क्योंकि इस समय इनके लिए विश्राम की अत्यन्त आवश्यकता है ।" और तीनों ही सैल्यूक्स के शिविर की ओर चल देते हैं ।

अचानक उधर से आते हुए अलका चन्द्रगुप्त और चाणक्य को सैल्यूक्स के साथ देखकर आश्चर्यचकित रह जाती है ।

इसका अर्थ यह हुआ कि आर्य चाणक्य और चन्द्रगुप्त भी यवनों के साथ हो गए ? जब वर्षा और धूप फसल को गलाने, जलाने लगे तो देश की हरी-भरी खेती का रक्षक कौन होगा ? और यह सोचते हुए वह आकाश की ओर देखने लगती

है । आकाश से भी मानो उसे प्रश्न का कोई उत्तर नहीं मिलता । यह तो उसने सोचा भी नहीं था कि आर्य चाणक्य और चन्द्रगुप्त आक्रमणकारियों के पक्षधर हो जाएंगे । तब फिर भाई आम्भीक और इनमें क्या अन्तर रहा ? अब इनसे रक्षा की आशा भी क्या की जाए ?

यही सोचते हुए अलका गांधार छोड़ने से पहले महात्मा दाण्डायन को नमस्कार करने के लिए चल दी ।

महात्मा दाण्डायन का आश्रम सिन्धु नदी के किनारे पर ही स्थित था ।

थकती, फिर भी चलती अलका, धीरे-धीरे आगे बढ़ती रही और आश्रम में पहुंच ही गई ।

महात्मा दाण्डायन ने उसे देखकर उसका स्वागत किया और अपने सम्मुख बैठाया ।

"कहो अलका ! क्या कष्ट है ? तुम्हारे चेहरे पर अभी से इतनी चिन्ता ?"

अभी अलका कुछ जवाब देती कि तभी उसने देखा कि आचार्य के आश्रम में चाणक्य और चन्द्रगुप्त प्रवेश कर रहे हैं । वह आश्चर्यचकित रह गई । अभी कुछ देर पहले ही तो वह इन्हें यवन सेनापति के साथ जाते हुए देख चुकी थी ।

अलका को इस प्रकार मौन देखकर दाण्डायन मुनि ने कहा–"आओ, आचार्य चाणक्य, विराजो !"

और आचार्य के साथ चन्द्रगुप्त भी मुनि को प्रणाम करके आसन पर बैठ गया ।

"हां तो अलका ! मैं तुमसे पूछ रहा था कि तुम चिन्तित क्यों हो ?"

"मैं गांधार छोड़कर जाना चाहती हूं मुनिवर ! इसीलिए आपका आशीर्वाद लेने आ गई ।"

"लेकिन तुम तो गांधार की लक्ष्मी हो ! तुम्हारे मन में यह विचार क्यों ?"

"यवनों के हाथों अपनी स्वतंत्रता बेच कर उनके उत्कोच पर जीने की शक्ति मुझ में नहीं है मुनिवर ।"

मुनि ने कुछ सोचते हुए कहा–"लेकिन तुम जाओगी कहां ? खैर ,अच्छा जाओ । पता नहीं ईश्वर किन-किन स्थितियों में कौन-सा कल्याण छुपा देता है । लेकिन इस आश्रम के द्वार तुम्हारे लिए सदा खुले रहेंगे ।"

"एक सन्देह का निवारण और करना चाहती हूं मुनिवर !"

"क्या ?"

"ये जो आचार्य चाणक्य और चन्द्रगुप्त आपके सम्मुख बैठे हैं, ये अब यवनों

के पक्षधर क्यों होना चाहते हैं ? इन पर तो मैं बहुत विश्वास करती थी ।"

"अलका !" चन्द्रगुप्त ने कहा–"किसी की भलाई को स्वीकार करना चाहिए और शायद तुम नहीं जानतीं, व्यक्ति कृतज्ञता के प्रति बन्ध जाता है ।"

"चन्द्रगुप्त ठीक कह रहा है, अलका ! क्योंकि कई बार आंखें जो देखती हैं, वह सत्य नहीं होता । तुमने इस पर विचार नहीं किया वरना यह सन्देह तुम्हारे मन में नहीं पैदा होता ।"

"आचार्य ठीक कह रहे हैं, अलका । कल्याण भावना वाले व्यक्ति को पूरी तरह विश्वासी होना होता है और याद रखो कि विश्वास कभी भी दुर्गति नहीं होने देता ।"

"अभी ये लोग बात कर ही रहे थे कि एक यवन ने मुनि के आश्रम में प्रवेश किया और उन्हें प्रणाम करते हुए यह सूचना दी कि महाराज सिकन्दर उनसे मिलना चाहते हैं ।

चाणक्य और चन्द्रगुप्त सिकन्दर के सामने आना नहीं चाहते थे इसलिए उन्होंने मुनि से विदा लेने का प्रस्ताव किया लेकिन मुनि ने उनसे कहा–"अपने मन की हलचल को शान्त करो चाणक्य ! समस्त विद्याओं के आचार्य होकर भी तुम्हें उसका शुभ फल अभी तक नहीं मिला, उसका यही कारण है कि तुम अभी तक उद्वेग से मुक्त नहीं हो पाए हो । और यह तुम्हारे व्यक्तित्व के लिए उचित नहीं है ।"

चाणक्य भला मुनि के आदेश की अवमानता कैसे करते ? उन्हें बैठना पड़ा ।

उनके सामने ही यूनान का सम्राट सिकन्दर, सैल्यूक्स और उसकी बेटी कार्नेलिया के साथ मुनि के आश्रम में आते हैं । उनके साथ दूत एनिसाक्रीटीज भी आता है ।

सिकन्दर को देखकर प्रसन्न मुद्रा में मुनि उसका प्रणाम स्वीकार करते हुए बोल उठते हैं–"आश्रम में तुम्हारा स्वागत है सम्राट सिकन्दर ! प्रभु तुम्हें सुबुद्धि दें ।"

"मुनिश्रेष्ठ ! मैं तो आपसे आशीर्वाद लेने आया हूं, जय का आशीर्वाद ।"

हंसकर मुनि ने कहा–"सम्राट को जिस आशीर्वाद की आवश्यकता होती है वह तो मैंने तुम्हें पहले ही बिना मांगे दे दिया और इससे बड़ा आशीर्वाद तुम्हें देने का सामर्थ्य मुझमें नहीं है, अलक्ष्येन्द्र !

"जयघोष का काम तो चारण करते हैं और तुमको यह जानना चाहिए कि विजय की इच्छा का अन्त हमेशा पराजय में होता है । और राज्य सत्ता तो सुव्यवस्था से आगे बढ़ सकती है, केवल विजय के भ्रम से नहीं । अरे यहां कहां पर्वतों, जंगलों

में भटक रहे हो, जाओ अपनी प्रजा के हित की चिन्ता करो ।''

''और तुम कौन हो युवक ?'' सिकन्दर ने चन्द्रगुप्त को सम्बोधित करते हुए कहा ।

सैल्यूक्स चन्द्रगुप्त को जानता था इसलिए उसने चन्द्रगुप्त का परिचय देते हुए कहा–''यह मगध का निर्वासित राजकुमार है सम्राट !''

''मुखमंडल से बड़ा तेजस्वी लगता है ।

''प्रिय चन्द्रगुप्त ! आयु में तुम मुझसे छोटे हो इसलिए मैं तुम्हें प्रिय कहने का अधिकार रखता हूं । तुम मेरे शिविर में सहर्ष आमन्त्रित हो ।''

''आपका आमन्त्रण मैं शिरोधार्य करता हूं सम्राट ! यह मेरे लिए परम सौभाग्य की बात होगी कि मुझे आपसे आतिथ्य प्राप्त होगा ।''

''और तुम्हारा सत्कार करके हमें भी प्रसन्नता होगी चन्द्रगुप्त ! लेकिन'' कुछ याद करते हुए–''सैल्यूक्स ! तुम्हारा इनसे परिचय कब हुआ ?''

''यह भी एक संयोग की बात है सम्राट !''

''मैं इनका उपकार कभी नहीं भूलूंगा सम्राट ! इन्होंने व्याघ्र से मेरी रक्षा की थी जब मैं अचेत पड़ा था ।'' चन्द्रगुप्त ने कहा ।

''अच्छा, तो फिर सैल्यूक्स ! राजकुमार चन्द्रगुप्त के आतिथ्य का भार तुम पर छोड़ता हूं ।'' और यह कहते हुए सिकन्दर ने वहां से विदा ली और मुनि को प्रणाम करते हुए कहा–''अच्छा मुनिवर ! लौटती बार आपके दर्शन अवश्य करूंगा जब भारत विजय करके लौटूंगा ।''

''सिकन्दर ! तुम शायद भूल रहे हो, जिस युवक को तुमने अपने शिविर में आमंत्रित किया है, वही तो भारत का होने वाला सम्राट है । तुमने इसमें तेजस्विता के दर्शन किए लेकिन सम्राट को नहीं देख पाए ? और इनसे मिलो, ये हैं आचार्य चाणक्य ! भारत के भावी सम्राट-निर्माता । यदि भारत में व्यक्तिगत महत्वाकांक्षा और पारस्परिक द्वेष को राष्ट्रहित में समायोजित करने का भाव पैदा हो सकता होता तो तुम सिन्धु नदी को पार करके इस भूमि पर नहीं आ पाते । यह तो भारत का दुर्भाग्य है कि तुम विजेता की भावना से यहां पर अभी भी विद्यमान हो । हमें तुम्हारा आतिथ्य करने में सदैव सौभाग्य का अनुभव होगा लेकिन यहां तक भारत विजय का प्रश्न है, तुम्हारा यह मंसूबा कहां जाकर ठहरता है या इसका क्या परिणाम होता है, अब इस पर चर्चा तुम्हारे लौटने पर ही करेंगे ।

''तुम भावी सम्राट के निर्माता आचार्य चाणक्य को भी प्रणाम करो । इनका आशीर्वाद तुम्हें सुबुद्धि देने में सहायक होगा ।''

और सिकन्दर आचार्य चाणक्य को मुनि दाण्डायन के साथ प्रणाम करता हुआ आश्रम से विदा हुआ ।

यह उसके संकल्प का पहला पड़ाव था ।

चन्द्रगुप्त ने जाते हुए सिकन्दर और सैल्यूक्स के साथ कार्नेलिया की एक छवि देखी और वह भीतर ही भीतर मुग्ध हो गया । ऐसा अनुपम सौंदर्य उसने पहली बार देखा था मानो उसके वज्र हृदय में कोई तरल रक्त की धारा फूट पड़ी हो ।

जाते हुए कार्नेलिया ने कनखियों से चन्द्रगुप्त को अपनी ओर इसी मुग्ध दृष्टि से देखते हुए देख लिया था और इस धारा का दूसरा सिरा मानो कार्नेलिया के हृदय में फूट रहा था ।

रागात्मक स्पन्दन की यह तरल अनुभूति दोनों ने एक साथ मौन आंखों में उतारते हुए अभिव्यक्त की । कार्नेलिया चली गई लेकिन उसके मन में एक स्निग्ध पुष्प अंकुरित हो गया था । जब वह आई थी आश्रम में तो मार्ग का सारा दृश्य कहीं भी उसे मन से जोड़ नहीं पा रहा था लेकिन लौटते हुए वह कैसे अपने-आपको भारतीय संस्कार में ढालकर पता नहीं किस अदृश्य तरंग में गुनगुना उठी मानो यह देश उसे मधुमय लग रहा था । पेड़ों की चोटियां, आस-पास का हरा-भरा वातावरण, बहती हुई नदी, किल्लोल करती लहरें, सबमें उसे एक अपूर्व अपने-पन की गन्ध आ रही थी और वह अनमनी बेसुध बनी चली जा रही थी ।

उसकी इस तरंग ध्वनि को सुनकर राजकुमार फिलिप, जो उसके प्रति प्रारम्भ में ही मोहासक्त था, कह उठा–"कार्नेलिया ! हम लोगों ने भारत पर अपना अधिकार भले ही अभी न किया हो लेकिन तुम्हारी आंखों में झांककर लगता है कि भारत तुम पर छा गया है ।"

"तुम यह क्या जान पाओगे कि विजय क्या होती है ? क्योंकि तुम लोग तो भूमि को जीतकर समझ लेते हो कि लोगों के मन पर अधिकार कर लिया । तुम्हारे लिए उपभोग लूट में मिली हुई वस्तु से अधिक कुछ नहीं होता, जिसमें न समर्पण होता है और न भावना ।"

"तुम मेरे प्रेम का उपहास कर रही हो कार्नेलिया !"

"तुम भूल रहे हो सेनापति कि यह समय युद्ध का है, प्रेम का नहीं ।"

"तो क्या तुम सभी स्त्रियों के साथ शिविर में लौट रही हो ?"

"नहीं, मैं पिता के साथ रहूंगी ।"

"तो अब तुमसे मिलना कब होगा, नहीं कह सकता इसलिए क्या मुझे अपने इन कोमल हाथों को चूमने का अवसर नहीं दोगी एक बार ?"

"सेनापति ! अपनी सीमा में रहने का प्रयास करो । तुम्हें मेरा अपमान करने का कोई अधिकार नहीं ।"

"प्रेम करने का तो है ?"

"इस समय वह भी नहीं ।"

"अच्छा तो, तुम इस प्रकार मुझे निराश लौटाना चाहोगी ? तुम ऐसा नहीं कर सकती राजकुमारी !"

फिलिप पर काम सवार हो चुका था । उसी जुनून में उसने कार्नेलिया का हाथ पकड़ने का प्रयास किया ।

वह तो नदी के किनारे वातावरण की स्निग्धता में अपने मन की तरंगों में डूबते उतराते हुए सुखद अनुभूति के सागर में गोते लगा रही थी कि तभी यह व्यवधान पड़ गया और दुष्ट फिलिप उसके सम्मुख आ गया । इस समय कोर्नेलिया को और कुछ नहीं सूझा और वह चिल्ला पड़ी, "बचाओ ! मेरी रक्षा करो ।"

यह भी संयोग था कि उधर से चन्द्रगुप्त भ्रमण करते हुए गुजर रहा था । वह भी कार्नेलिया के अपूर्व सौंदर्य पर मुग्ध हुआ, नदी के तट की तरफ चला आया था ।

अचानक चन्द्रगुप्त को किसी स्त्री का स्वर सुनाई दिया । वह उसी ओर दौड़ गया जिस ओर से स्वर उभरा था ।

"अरे !" पास जाकर चन्द्रगुप्त ने चौंककर देखा, यह कार्नेलिया थी और एक यवन से स्वयं को छुड़ाने का निष्फल प्रयास कर रही थी । तभी चन्द्रगुप्त अपने मजबूत हाथों से उस यवन की गर्दन दबोचते हुए कार्नेलिया को मुक्त करता है ।

फिलिप को स्वप्न में भी यह आशा नहीं थी कि इस समय इस निर्जन प्रदेश में उसके और कार्नेलिया के बीच कोई तीसरा आ सकता है । उसका पासा अब पलट चुका था । अब वह अपने कर्म पर शर्मिन्दा था । स्वयं को इस प्रकार मजबूत पकड़ में पाकर फिलिप घबरा गया क्योंकि यदि सम्राट को इस घटना का पता चल गया तो निश्चय ही उसके लिए मृत्युदण्ड ही एकमात्र दण्ड होगा । यही सोचकर फिलिप ने अपना पैंतरा बदलते हुए कहा–"मुझे क्षमा करो वीर पुरुष ! क्षमा करो कार्नेलिया ! मैं तुम्हारा अपराधी हूं । लेकिन एक कृपा मुझ पर कर दो, तुम समर्थ हो । इस घटना को भूलकर मुझे क्षमा कर दो । मुझे जीवनदान दो वीर युवक !"

"क्षमा तो कर दूंगी दुष्ट ! किन्तु भूलूंगी नहीं । तुम फिलहाल इस समय मेरे सामने से चले जाओ और बेहतर हो कि कभी मेरे सामने न आना । यदि ऐसा हुआ तो तुम्हारे लिए अच्छा न होगा ।"

चन्द्रगुप्त की गिरफ्त से छूटते ही फिलिप तेजी से दौड़ गया । उसने पीछे मुड़कर भी नहीं देखा ।

चन्द्रगुप्त के मुंह से निकल पड़ा–"कायर कहीं का !" और फिर चन्द्रगुप्त ने कार्नेलिया से कहा–"आओ, देवी ! मैं तुम्हें तुम्हारे शिविर तक पहुंचा दूं ।"

कार्नेलिया चन्द्रगुप्त के साथ शिविर तक आते हुए सोच रही थी–कितना अन्तर है दोनों में ! फिल्पि ने मर्यादा लांघकर प्रतिष्ठा पर चोट करने का प्रयास किया और चन्द्रगुप्त ने मर्यादा की रक्षा की । कैसे भूल पाएगी वह इस घटना को जहां घृणा और प्रेम दोनों एक साथ जन्मे हों ! फिलिप के साथ घृणा और चन्द्रगुप्त के साथ एक दिव्य आकर्षणजन्य प्रेमानुभूति । और वह फिर सोचने लगी–इस चन्द्रगुप्त के लिए मुनि ने भारत सम्राट होने की भविष्यवाणी की । कितना विनम्र वीर है यह व्यक्ति !

ये लोग शिविर की ओर लौट रहे थे । दोनों चुप थे मानो कुछ कहना चाहकर भी खुद अपने-आपसे लड़ रहे थे । शायद यह समय कुछ भी कहने का नहीं था ।

भारतीय संस्कारों की इस प्रेंमपूर्ण अभिव्यक्ति में सिकन्दर भी डूबा जा रहा था । भारत की विजय की उसकी अपनी इच्छा धीरे-धीरे अब सिमट रही थी-। उसे इस बात पर आश्चर्य था कि वह इतना बड़ा आक्रमण करने वाला है और यह देश अभी तक सो रहा है । लड़ाई जैसे इनके जीवन का हिस्सा नहीं है और यहां के दार्शनिक धर्म और दर्शन के तर्क से जीवन की गूढ़ से गूढ़ गुत्थी सुलझाने की क्षमता रखते हैं । इसी विचार में वह शिविर से बाहर एकान्त में भ्रमण करने निकल पड़ा था ।

सिकन्दर के साथ-साथ चल रहे उनके एक सेना पुरुष ने इस दार्शनिकता का विरोध करते हुए कहा–"मुझे तो ये लोग आलसी मालूम पड़ते हैं ।"

"एनिसाक्रीटीज ! तुमने अपना निर्णय बहुत जल्दी सुना दिया, केवल मुनि दाण्डायन के उपदेश को सुनकर ही उन्हें धर्म-भीरु मान बैठे । अभी तो यहां के और वीरों का परिचय पाना बाकी है ।"

"यह बात तो ठीक है महाराज ! अब आम्भीक को ही देख लीजिए, वह अपनी प्रतिज्ञा का सच्चा निकला । उसने अच्छा प्रबन्ध कर लिया है ।"

सिकन्दर ने चिढ़कर कहा–"यही समझ है तुम्हारी ? अरे वह ! वह कायर लोभी है और अपनी व्यक्तिगत शत्रुता के कारण उसने अपनी दोस्ती का हाथ बढ़ाकर छला है हमें भी और अपने देश को भी ।"

"कैसा छल ?"

"हमसे लड़ने का उसमें साहस नहीं था और अपने पड़ौसी राजा पुरु से मैत्री उसे अपमान के समान लगती थी । इसीलिए उसने यह रास्ता चुना । तुम शायद नहीं जानते, उससे विद्रोह करके उसकी बहन गांधार छोड़कर चली गई ।"

अभी ये लोग अपने शिविर तक नहीं पहुंच पाए थे और बातचीत का क्रम जारी था तभी उन्हें मार्ग में फिलिप और आम्भीक मिल गए और जब तक ये लोग शिविर में पहुंचे कार्नेलिया भी शिविर में लौट आई ।

बातचीत में आम्भीक ने महाराज को यह समझाने का प्रयास किया कि यवनों के शिविर में ही एक षड्यंत्र पल रहा है और फिलिप ने उसका समर्थन करते हुए यह और जोड़ दिया कि यह षडयंत्र सैल्यूकस द्वारा संचालित हो रहा है । चुगलखोर जितना भी चाहे, वह अपने आप को छिपा नहीं पाता है । शायद यह एक इत्तिफाक ही था कि उधर से क्रोध में भरा सैल्यूक्स भी सम्राट के शिविर में आ गया । सैल्यूक्स के साथ चन्द्रगुप्त भी था ।

"आओ, सैल्यूक्स ! फिलिप कह रहा है कि तुम हमारे विरुद्ध षड्यंत्र रच रहे हो ?"

"और आपने विश्वास कर लिया ?"

"प्रश्न विश्वास का नहीं, फिलिप के आरोप को झूठा तो सिद्ध करना ही होगा तभी तो इसे मिथ्या आरोप का अर्थ ज्ञात हो सकेगा ।"

"इसका न्याय तो खड्ग ही कर सकती है ।" सैल्यूक्स ने कहा ।

"तुम तो उत्तेजित होगए, सैल्यूक्स ! धैर्य से काम लो ।"

"तलवार को ही न्याय करना है तो....."

"शर्म करो फिलिप ! चन्द्रगुप्त मेरे साथ है और कहो तो कार्नेलिया को भी शिविर में बुला लूं । मैं तो यह सोचकर आया था कि चलो कार्नेलिया ने तुम्हें क्षमा कर दिया है, तो मैं उसके अधिकार क्षेत्र में हस्तक्षेप क्यों करूं पर तुम तो अपने आप दण्ड पाने को लालायित लग रहे हो ।"

और सैल्यूक्स ने आगे कहा,–"सुनिए सम्राट ! मुनि दाण्डायन के यहां से लौटते हुए जब नदी के किनारे पर कार्नेलिया कुछ पीछे रह गई थी तो इस दुष्ट ने उसे बलात् छेड़ते हुए उसकी प्रतिष्ठा छीननी चाही थी । यह तो सौभाग्य था कि तभी उधर से चन्द्रगुप्त भी गुजर रहा था । एक स्त्री का आर्त स्वर सुनकर जब आवाज की तरफ बढ़ा तो वहां फिलिप को कार्नेलिया का शील भंग

करने के लिए जबरदस्ती करते पाया । और फिर इसी नीच की गर्दन दबोचकर उसने जब इसे भूमि पर पटक दिया तो यह प्राणों की भिक्षा के लिए इसके चरणों में गिरकर क्षमा मांगने लगा । मैं स्वयं चाहता था यह अभियोग आपके सामने लाता किन्तु.......''

''साहस न कर सका, यही ना ।'' सिकन्दर ने वाक्य पूरा करते हुए कहा ।

''कैसे साहस होता सम्राट ! इनकी कन्या रोज विद्रोहिणी अलका से महर्षि दाण्डायण्न के आश्रम में मिलती है । आप जानते ही हैं चन्द्रगुप्त को भावी सम्राट के रूप में प्रचारित किया जा रहा है ।''

''अपनी इस अनावश्यक बकवास को रोक दो फिलिप !''

लेकिन तभी सिकन्दर ने कहा–''ठहरो सैल्यूक्स ! और चन्द्रगुप्त, तुम बताओ । क्या मगध का शासक नीच कुल में जन्मा है ? और तुम उस राज्य को हस्तागत करने का प्रयत्न कर रहे हो ?''

''ऐसा नहीं है सम्राट ! वास्तविकता यह है कि यह शासक बड़ा क्रूर है और प्रजा उससे असन्तुष्ट है । मैं तो उसका उद्धार चाहता हूं ।''

''केवल उस ब्राह्मण के कहने पर ?''

''उन्हें, आचार्य चाणक्य को, आप केवल ब्राह्मण न समझें । उनका पूरा जीवन इसी संघर्ष में बीता है क्योंकि मगध उनकी भी मातृभूमि है और मेरी भी और इसीलिए हमारा यह संकल्प है कि प्रजा को उसका अधिकार मिलना चाहिए ।''

''हां, इन परिस्थितियों में तो यह असम्भव नहीं लगता ।''

''क्यों, असम्भव क्यों नहीं है ?''

''अरे जब हमारी सेना सहायता करेगी तब असम्भव कैसे रह जाएगा ?''

''लेकिन मुझे आपकी सहायता तो स्वीकार नहीं है ।''

चन्द्रगुप्त की यह बात सुनकर सिकन्दर को क्रोध आ गया और उसने कहा–''इतने दिन तक तुम हमारे शिविर में फिर किस लिए हो ?''

''आपका निमन्त्रण था और आर्य सैल्यूक्स ने मेरी प्राणरक्षा की थी, इसलिए उनका अनुरोध मैं टाल नहीं सकता था लेकिन आप अगर यह सोच रहे हैं कि मैं यहां यवनों को अपना शासक बनाने के ख्याल से आया हूं तो यह आपका भ्रम है सम्राट !''

"लेकिन इन्हीं यवनों के द्वारा ही जो आक्रान्त नहीं है, अब जीता जाएगा ।"

"यह तो भविष्य पर निर्भर करता है सम्राट !"

"यह तो तुम हमारी गुप्तचरी करते हो ?"

"आपका यह सोचना भी गलत है । यह बात तो अलग है कि यहां आपके सामीप्य में रहते हुए आपकी रणनीति से थोड़ा-बहुत परिचित अवश्य हो गया हूं किन्तु यदि आप अपने लोभ के कारण मुझे आम्भीक समझने की भूल कर रहे हैं तो फिर मैं क्या कर सकता हूं ? मैं आपका सम्मान करता हूं जिस तरह मगध से प्यार करता हूं । परन्तु यवन लुटेरों की सहायता से मैं मगध को पद दलित नहीं होने दूंगा ।"

"तुम जानते हो कि तुम किस से बात कर रहे हो चन्द्रगुप्त ! तुम बन्दी बनाए जा सकते हो ।"

"मैंने झूठ कुछ भी नहीं कहा महाराज ! लूट के लोभ से जो लोग आपके साथ व्यवसाय लाभ के लिए आकर जुड़ गए, वे लुटेरे नहीं हैं तो और क्या हैं ? उन्हें सेना कहना सेना का अपमान होगा ।"

सिकन्दर के लिए यह सहना अपमान का प्रश्न था । अपनी मुट्ठियां भींचते हुए लगभग चिल्लाते हुए उसने कहा–"सैल्यूक्स.....!"

तभी बीच में बोलते हुए आम्भीक ने कहा–

"कुछ तो शिष्टता से बात करो चन्द्रगुप्त !"

"यवनों का उत्कोच स्वीकार करने वाले भीरु, देशद्रोही ! मुझे शिष्टता का पाठ पढ़ाता है ! सिकन्दर के पास स्वयं चन्द्रगुप्त याचना की इच्छा लेकर नहीं आया बल्कि स्वागत योग्य आमन्त्रण पाकर आया है ।"

इस वाक्य ने सिकन्दर के क्रोध को और भड़का दिया और उसने तुरन्त ही आदेश दिया कि चन्द्रगुप्त को बन्दी बना लिया जाए ।

वहां खड़े आम्भीक और फिलिप आदि ने चन्द्रगुप्त को अपनी पकड़ में लेने का असफल प्रयास किया और चन्द्रगुप्त एक वीर योद्धा की तरह उनको घायल करता हुआ, यह कहता हुआ निकल गया, "अच्छा सम्राट ! अब प्रभु ने चाहा तो युद्ध भूमि में मिलेंगे ।"

सिकन्दर और पर्वतेश्वर का युद्ध

झेलम नदी के किनारे सघन वन प्रदेश में एक स्थान पर चाणक्य विचार मुद्रा में बैठे हुए हैं । अलका नदी के किनारे से घूमती हुई उनके पास आकर बैठ जाती है ।

चन्द्रगुप्त और सिकन्दर का संवाद सुनकर चाणक्य कुछ सोचने लगते हैं । उनके सोच में अब प्रश्न यही बाकी रह गया है कि पुरु के साथ होने वाले इस युद्ध में उनकी अपनी क्या भूमिका होगी ।

इसी के बारे में आचार्य का मन जानने के लिए अलका ने प्रश्न कर दिया–"आचार्य ! अब आगे क्या विचार किया है ? कैसे निर्धारण होगा इस युद्ध का और क्या भूमिका होगी हमारी ?"

"अलका, अब केवल पलायन ही बाकी रह गया है ।"

"निर्देश दीजिए आचार्य । कम से कम मेरे साथ तो व्यंग्य न करें ।"

"तो फिर दूसरा उपाय क्या हो सकता है ?"

"है क्यों नहीं ?" अलका ने कहा ।

और आचार्य चाणक्य ने चन्द्रगुप्त की ओर देखते हुए कहा, "हो सकता है ।" और फिर चन्द्रगुप्त से प्रश्न किया–"क्यों वत्स ! संन्यास लेने की इच्छा है क्या ? वैसे यह भी एक सरल उपाय हो सकता है ।"

"ऐसा कभी भी नहीं हो सकता आचार्य ! मैं तो यवनों को हर पग पर बाधा पहुंचाने के लिए कटिबद्ध हूं और जब तक मुझ में शक्ति है मैं अपना प्रयत्न करता रहूंगा ।"

"मुझे तुमसे यही आशा है वत्स ! लेकिन एक चिन्ता भी है कि अभी तक सिंहरण क्यों नहीं आया ?"

अलका और चन्द्रगुप्त ने एक साथ कहा–"समाचार तो मिल गया होगा और मिल जाना चाहिए ।"

"देखो, जब आकाश में घने काले बादल छा रहे हों और रुक-रुक कर बिजली चमक रही हो, हवा ठहरी हुई हो और तपती हुई जमीन से गर्म भाप निकल रही हो–मौसम के ऐसे मोड़ पर बता सकते हो यह किसका संकेत है ?"

"देखो, जब आकाश में घने काले बादल छा रहे हों और रुक-रुक कर बिजली चमक रही हो, हवा ठहरी हुई हो और तपती हुई जमीन से गर्म भाप निकल रही हो—मौसम के ऐसे मोड़ पर बता सकते हो यह किसका संकेत है ?"

अलका तुरन्त बोल पड़ी, "यह तो वर्षा का संकेत है आचार्य !"

"तुमने बिल्कुल ठीक समझा अलका ! ठीक इसी प्रकार इस समय युद्ध के बादल देश पर मंडरा रहे हैं और सिंहरण को हमारा समाचार मिल जाए तो उसके आने में कोई संशय नहीं है ।"

अभी वे बात कर ही रहे थे कि तभी वृद्ध गांधारनरेश सिंहरण का सहारा लिए हुए वहां पधार गए । सिंहरण ने गांधारनरेश को उपयुक्त स्थान पर बैठाते हुए आचार्य को प्रणाम किया ।

अलका ने जब अपने थके हुए पिता को इस प्रकार देखा तो वह उनके गले से लिपट गई । पिता के गले से रुंधे हुए शब्दों में केवल एक ही बात निकली—"अरे तू कहां भटक रही है बेटी !"

पिता के दर्द को कम करने के लिए अलका ने उल्लसित होकर कहा—"कहीं नहीं पिताजी ! देखो मैंने आपके लिए छोटी सी झोंपड़ी बना रखी है ।"

"मैं समझता हूं, खूब समझता हूं । तू मुझे झोंपड़ी में बिठलाकर फिर छोड़ जाएगी ।"

चाणक्य ने यह सुनकर कहा—"राजन् !"

अभी चाणक्य का वाक्य पूरा भी नहीं हो पाया था कि गांधारराज ने बीच में ही रोककर कहा—"आचार्य चाणक्य ! जिस दुर्भाग्यशाली पिता के पुत्र ने राष्ट्र से विश्वासघात किया हो और कन्या घर छोड़ने के लिए बाध्य हो गई हो, मैं वही अभागा गांधारराज हूं । मेरी यह बेटी जब महलों को छोड़ चुकी है तो झोंपड़ी के प्रति उसकी क्या आसक्ति होगी । यह तो कभी भी मुझे छोड़कर जा सकती है, लेकिन राजन् ! प्रश्न यहां महल का या झोंपड़ी का नहीं, राष्ट्र की अस्मिता का है और निजी मान प्रतिष्ठा का भी । आम्भीक के कारण और उसके यवनों के साथ निरन्तर सम्पर्क के कारण ही अलका ने आपका राज्य छोड़ा । लेकिन यहां झोंपड़ी में इसके राष्ट्र की सुरक्षा का विश्वास इसे यहां बनाए हुए है । अतः यहां से कहीं और जाने का प्रश्न तभी पैदा होगा जब उद्देश्य की पूर्ति वहां जाने के लिए अनुमति देगी ।"

भावुक अलका ने सिंहरण के प्रति अपनी कृतज्ञता प्रकट करते हुए कहा—"मालव मैं तुम्हारे प्रति कृतज्ञ हुई । कम से कम पिता मेरे पास हैं अब, इसका मुझे सन्तोष रहेगा क्योंकि भाई के साथ इनकी आत्मा कष्ट ही पाती ।"

गांधारराज के विश्राम की व्यवस्था करने के लिए अलका उनके कक्ष में ले गई ।

गांधारराज के जाने के बाद सिंहरण ने कहा–''आज्ञा दीजिए आचार्य ! अब हम लोगों के लिए क्या कर्तव्य है ? क्योंकि आक्रमण की स्थितियां अब अधिक तेज होने की सम्भावना बढ़ रही हैं ।''

''ठीक है, किन्तु अब हमारी योजना के अनुसार हमें युद्ध नहीं करना है बल्कि नाटक करना है । मैं ब्रह्मचारी के रूप में और चन्द्रगुप्त, तुम सपेरे के रूप में और अलका, तुम नटी के रूप में और सिंहरण नट के रूप में स्वांग रचेंगे । और पर्वतेश्वर की सेना का वह भाग जो अपनी अलग छावनी डाले हुए है, हम उसी के साथ रहेंगे, वहीं खेलेंगे ।'' और यह कहते हुए वे लोग आगे बढ़ गए ।

पंचनद नरेश पर्वतेश्वर की सेना अब युद्ध के मैदान में आ चुकी थी और स्वयं पर्वतेश्वर युद्धपूर्व अपनी सेना का निरीक्षण कर रहा था । तभी उन्होंने एक सैनिक से पूछा–''वह जो दूर एक अलग-सा शिविर है, वह किस गुल्म का है ?''

सैनिक ने महाराज को बताया कि शिविर मगध सेना का है ।

''लेकिन मगध ने तो हमारे रण का निमन्त्रण ही अस्वीकृत कर दिया था ।''

''यह तो उस विशाल सेना का एक छोटा दल है महाराज ! जो अपनी इच्छा से युद्ध में अपना योग देने आया है ।''

पर्वतेश्वर को आश्चर्यमिश्रित प्रसन्नता हुई । पुराने मनुष्यों में इतना उत्साह !

पर्वतेश्वर जिस युवक से संवाद कर रहे थे, असल में वह मगधनरेश नन्द की बेटी कल्याणी थी जो आचार्य चाणक्य और चन्द्रगुप्त के संकेत पर कुछ महत्त्वपूर्ण वीरों के साथ सेना की एक छोटी टुकड़ी को पर्वतेश्वर के सहयोग के लिए अपने बल-बूते पर ले आई थी । और महाराज उसे एक सैनिक समझ रहे थे । इसीलिए पर्वतेश्वर ने उससे कहा, ''तुम युद्ध में हमारे साथ ही रहोगे सैनिक !'' और सैनिक बनी कल्याणी 'जो आज्ञा' कहकर अपने काम में व्यस्त हो गई ।

दूसरी तरफ नाटक मंडली ने अपना चमत्कार मगध से आए इस गुल्म में दिखाना शुरू कर दिया । सिंहरण कहता फिर रहा था–

''खेल देख लो खेल, युद्ध में खेल और ऐसा खेल जो कभी न देखा, न सुना'' और फिर सिंहरण ने अपना डमरू बजाते हुए महाराज पर्वतेश्वर को घेरते हुए कहा–''देख लीजिए महाराज ! आप भी खेल देख लीजिएगा, इस खेल से सैनिकों का मनोबल बढ़ाएंगे हम, आपकी विजय के लिए कामना करेंगे ।''

''लेकिन इस समय हमारे पास खेल देखने का समय नहीं है नट !''

"अरे ! महाराज, आप तो युद्ध से पहले ही घबरा गए । हम तो आपके लिए इतना बड़ा स्वांग का मेला लेकर आए हैं और आप हमें खेल दिखाने का अवसर ही नहीं दे रहे ।"

चन्द्रगुप्त ने अपने पिटारे को खोलकर दिखाते हुए कहा–"महाराज, लो नागों का ही दर्शन कर लो । एक से एक जहरीले सांप के दान्त तोड़कर हमने उसे अपने पिंजरे में बन्द कर दिया है और यदि आप चाहेंगे तो नन्द जैसे सांप को भी हम विषहीन कर देंगे ।"

"आश्चर्य है तुम लोग नट होकर भी नागों पर इस प्रकार अधिकार कर लेते हो ।"

"महाराज ! भाले से तो बड़े-बड़े नाग वशीभूत हो जाते हैं ।"

"भाले से ?"पर्वतेश्वर ने कहा,"पर तुम लोग आ कहां से रहे हो ?"

"यवन सेना की ओर से ।"

"तुम गुप्तचर तो नहीं हो ?"

"महाराज ! गुप्तचरी भी करेंगे तो आपके लिए करेंगे, आखिर हम भारतीय हैं । आम्भीक की तरह मातृभूमि से विश्वासघात करने वाले नहीं । हम तो आप से यह कहने आए थे कि पिछली रात यवन सेना नदी पार करके इस ओर आ गई है । अब आप सचेत हो जाइए ।"

"हूं।" तभी पर्वतेश्वर ने मगध सेना के नायक से कहा–"इन लोगों को बन्दी बना लो ।"

"बड़ी कृपा हुई महाराज आपकी । हमने आपके हित की बात की और आपने हमें यह फल दिया ।" नटी बनी अलका ने कहा । और सपेरे के रूप में चन्द्रगुप्त ने महाराज को सावधान करते हुए कहा–"इतनी बात हमारी और सुन लीजिएगा कि यवनों के युद्ध का तरीका आपसे भिन्न है । आप सावधान होकर अपनी सेना की व्यूहनीति बनाइए ।"

तभी कल्याणी बने सैनिक ने नट को अपने पास बुलाकर कहा–"चलो, हमारे शिविर में चलो फिर आगे बात कर लेना ।" और वह उन्हें अपने साथ ले आई ।

बोली, "क्या कहना चाहते हो ?"

चन्द्रगुप्त बने नट ने कहा–"मुझे लगता है कि इस युद्ध में पर्वतेश्वर की पराजय निश्चित है ।"

"तुम ऐसा कैसे कह सकते हो ? आखिर तुम हो कौन ?"

"क्यों, मेरी बात से तुम्हारा काम नहीं चल रहा सैनिक ? तो सुनो–मैं मगध

का एक सपेरा हूं।"

"कहीं तुम चन्द्रगुप्त तो नहीं ?"

"तुम मुझे इस समय केवल एक सपेरा समझो राजकुमारी कल्याणी !"

"तो हम दोनों ने एक दूसरे को पहचान लिया है। ठीक है, अब हमें योजना से काम करना होगा।"

ये लोग सैनिक बनी कल्याणी के शिविर में थे और युद्धभूमि का दृश्य इस समय बिल्कुल उलट चुका था।

पर्वतेश्वर को अपनी भूल महसूस हुई। उसकी सेना में हाथियों ने ऊधम मचा दिया और रथी सेना भी अस्त-व्यस्त हो गई। तभी सेनापति ने महाराज पर्वतेश्वर को यह समाचार दिया कि सिकन्दर का घोड़ा मारा गया और राजकुमार के भाले की चोट नहीं सम्भाल सका।

लेकिन इस समाचार से क्या होता है ? सेना में तो भगदड़ मच गई थी।

जबकि दूसरी ओर चन्द्रगुप्त इस भगदड़ को देखकर बहुत दुखी हो रहा था। आकाश में बादल छा रहे थे यदि इस क्षण वर्षा हो गई तो रथ तो बेकार हो ही जाएंगे, हाथियों में भी भगदड़ मच जाएगी।

यह सोचकर कल्याणी ने कहा–"हमें क्या करना चाहिए ?"

"सामने जो पहाड़ी है, उस पर हमारी सेना एकत्र होनी चाहिए। शायद पर्वतेश्वर की पराजय टल जाए।"

और ये लोग मगध सेना को पहाड़ी पर लेजाने के लिए चल दिए।

आकाश में बादल गड़गड़ाने लगे और धरती पर सैल्यूकस और पर्वतेश्वर आमने-सामने जूझ रहे थे। अकस्मात एक वार से सैल्यूकस घायल हो जाता है और वह युद्ध से हट जाता है।

इस प्रकार सैल्यूकस को भागते देखकर पर्वतेश्वर का उत्साह और अधिक बढ़ जाता है। वह दूर से सेनापति को सम्बोधित करते हुए चिल्लाकर कहता है–"रोका सेनापति ! यह शत्रु सेना जो डरकर भाग रही है, मैं इन्हें बता देना चाहता हूं कि भारत की भूमि पर अपना प्रभाव जमाने के लिए इन्हें और कई जन्म लेने होंगे। चाहे बादल बरसें या हाथियों की सेना छिन्न-भिन्न हो जाए या रक्त की नदियां बहने लगें लेकिन हम अपनी मां के दूध पर कलंक का टीका नहीं लगने देंगे।"

अभी महाराज पर्वतेश्वर यह घोषणा कर ही रहे थे कि तभी सिंहरण महाराज के पास आ जाता है और उनसे निवेदन करता है–

"चलिए महाराज ! उस सामने वाली पहाड़ी पर चलिए । यह स्थान सुरक्षित नहीं है ।"

"लेकिन तुम हा कौन ?"

"एक मालव हूं महाराज !"

"अगर तुम्हें डर लग रहा है तो तुम जाकर छुप जाओ ।"

"महाराज ! यवनों का दल सामने से आ रहा है ।"

"उसे आने दो मगर तुम हट जाओ ।"

अडिग पर्वतेश्वर सिंहरण की बात नहीं मानता और यवन सेना से टकरा जाता है । परिणामस्वरूप भीषण युद्ध होता है और पर्वतेश्वर घायल होकर लड़खड़ाते हुए हाथी से नीचे गिर पड़ता है । यवन सैनिक उन्हें घेर लेते हैं ।

पर्वतेश्वर को गिरता हुआ देखकर यूनान का सम्राट सिकन्दर युद्ध बन्द करने की घोषणा कर देता है ।

"यह आप एकतरफा घोषणा कैसे कर रहे हैं सम्राट ! युद्ध तो अभी जारी है ।"

"तुम चन्द्रगुप्त !"

"हां सम्राट !"

"पर्वतेश्वर तो घायल हो गए हैं, अब मैं युद्ध किससे करूं ? आज मेरे मन में न जीतने का उत्साह है न पराजय का क्लेश । युद्ध का जो समर्पित कौशल मैंने आज देखा है, मैं उससे स्तब्ध रह गया हूं । इसके बाद कुछ भी जीतने की आकांक्षा नहीं रही ।" और फिर सम्राट सिकन्दर ने महाराज पर्वतेश्वर को सम्बोधित करते हुए कहा–"बोलो पर्वतेश्वर ! तुम इस समय हमारे बन्दी हो किन्तु हम तुम्हारी अद्‌भुत वीरता के कायल हो गए हैं । बताओ, तुम्हारे साथ क्या व्यवहार किया जाए ?"

"जैसा एक राजा को दूसरे राजा के साथ करना चाहिए ।"

"मैं तुम्हारे युद्ध निपुण साहस की सराहना किये बिना नहीं रह सकता । तुम धन्य हो आर्यवीर ! मैं तुमसे मित्रता करना चाहता हूं ।"

"ठीक है सम्राट ! तुमने युद्ध का आह्वान किया, मैंने युद्ध स्वीकार किया; तुम मैत्री का सन्देश हो, मुझे मैत्री भी स्वीकार है ।"

चन्द्रगुप्त ने यह सुना तो वह आश्चर्यचकित रह गया और बोला–"आप यह क्या कर रहे हैं पर्वतेश्वर ? क्या कहेंगे आचार्य चाणक्य ! मगध सेना आपकी प्रतीक्षा में है, युद्ध मत रोकिए ।"

"सुनो युवक ! वीरता अगर एक कला है तो सन्धि भी एक सुन्दर निर्णय है

और मैंने सम्राट को वचन दे दिया है, अब यह उनका काम है कि वह अपनी बात पर दृढ़ रहते हैं या पीछे हटते हैं ।"

चन्द्रगुप्त को पर्वतेश्वर का यह उत्तर सुनकर निराशा तो हुई लेकिन फिर भी यह पराजय समर्पण की पराजय नहीं थी, सम्मान की पराजय थी ।

चन्द्रगुप्त इसके बाद कल्याणी के साथ वहां से लौट पड़ता है और सीधा आचार्य चाणक्य से सम्पर्क स्थापित करता है ।

चाणक्य मालव में चन्द्रगुप्त के समाचार की प्रतीक्षा कर रहे हैं और उन्हें चिन्ता है कि अभी तक कोई समाचार मिला क्यों नहीं ।

जब चन्द्रगुप्त चाणक्य के पास आता है तो वहां उद्यान में उसे आचार्य की कुटिया खाली मिलती है लेकिन यह क्या, यहां तो कुछ विचित्र विदेशियों का दल भी ठहरा हुआ है और वहीं पास में मंद-मंद स्वर में कोई गुनगुना रहा था । रणभेरी का यह समय और मधुर मुरली की सी तान ! चन्द्रगुप्त के बढ़ते कदम अचानक वहां रुक गए । वह अभी तक पूरी तरह संयत भी नहीं हो पाया था कि तभी आचार्य ने उसके कन्धे पर पीछे से हाथ रखते हुए कहा–"इस समय मन को संगीत में लगाने का नहीं है वत्स ! यह युद्धकाल है । इसके बाद बहुत समय होगा तुम्हारे पास जीवन की रागिनी बजाने के लिए ।"

"क्षमा करें आचार्य ! मैं आज ही तो विपाशा के तट से लौटा हूं ।"

"मुझे मालूम है ।"

"और यवन शिविर भी घूमकर आया हूं ।"

"तो तुम बताते क्यों नहीं वहां का समाचार ?"

"पर्वतेश्वर ने जल्दी हथियार डाल दिए लेकिन फिर भी यवन सेना शिथिल हो गई । हमने सामने पहाड़ी पर मगध का वह छोटा-सा दल इस प्रकार सजाया कि वह दूर से ऐसा लग रहा था मानो पूरे एक लाख सैनिकों से सजी सेना यवनों से भिड़ने के लिए तैयार खड़ी है । पंचनद के सैनिकों से भी अधिक रणकुशल योधा शतद्रू के किनारे यवनों से भिड़ने की प्रतीक्षा कर रहे थे । बस यह सुनना था कि उन लोगों में तो आतंक छा गया और विद्रोह फैल गया ।

"सिकन्दर की सेना ने विपाशा नदी को पार करने से साफ इन्कार कर दिया । सिकन्दर के लाख कहने पर भी वे तैयार नहीं हुए । अब तो वे रावी के जलमार्ग से लौटने का निश्चय कर चुके हैं । हे आचार्य ! आपकी कृपा से अब सिकन्दर अपनी सेना में अकेला पड़ गया है । वह किसी भी प्रकार सेना को और आगे चलने के लिए तैयार नहीं कर सका ।

"मैं तो यह चाहता था कि इस जगत विजेता को एक पाठ पराजय का भी याद दिला दिया जाए लेकिन इस समय यहां सिंहरण नहीं है ।"

"देखो चन्द्रगुप्त ! मालवों को अपने में मिलाने का हमने पूरा प्रयत्न कर लिया है । सिंहरण की केवल प्रतीक्षा है ।"

जबकि सिंहरण अभी भी बंदीगृह में घायल अवस्था में पड़ा हुआ था । यहीं उसे यह संदेश मिला कि सिकन्दर की सेना पर्वतेश्वर से सन्धि के बाद ग्त्री पार कर रही है ।

"इसका अर्थ यह हुआ कि आचार्य चाणक्य जानते हैं कि मैं यहां बन्दी हूं और मालव पर शीघ्र आक्रमण होने वाला है । फिर तो मुझे किसी भी तरह मालव पहुंचना चाहिए ।"

"लेकिन तुम तो बन्दी हो सिंहरण !" अलका ने कहा, "और जानते हो कि मैं बन्दी क्यों हूं ? आम्भीक चाहता था पर्वतेश्वर की बहन से विवाह करना । सिकन्दर ने सन्धि होने पर यह विवाह करा दिया तो उसे पर्वतेश्वर की भी यह बात स्वीकार करनी पड़ेगी कि मैं पर्वतेश्वर की रानियों में एक हो जाऊं ।"

"तब क्या करना होगा अब ?"

"इस समय तो यही एक उपाय है, यदि मैं यह विवाह स्वीकार कर लूं तो सम्भव है तुमको छुड़ा सकूं ।"

"कोई और उपाय नहीं ? तुम मेरे लिए पर्वतेश्वर की पत्नी बनोगी ? मैंने जीवन और मरण में तुम्हारा साथ न छोड़ने का प्रण किया है ।"

"लेकिन मालव की पराधीनता की कीमत पर नहीं ।" अलका ने कहा ।

"तो तुम पंचनद की रानी बनना चाहती हो ? फिर तो मुझे रणभूमि में प्राण देने की आज्ञा दो ।"

"लेकिन यह निर्णय मेरा नहीं है सिंहरण ! यह भी आचार्य चाणक्य का आदेश है, कुछ समय के लिए पंचनद का सूत्र संचालन करने के लिए मैं यहां की रानी बनना स्वीकार करूं ।"

और यह कहते हुए अलका मौन होकर एक ओर जाकर चुपचाप खड़ी हो गई । वह अभी अपने कक्ष से बाहर वातावरण को देख ही रही थी तभी उसे पर्वतेश्वर के कदमों की आहट मिली ।

"तुम यहां कब तक रहोगी अलका ?"

"यह तो बन्दी बनाने वाले के ऊपर निर्भर करता है महाराज ।"

"तुम्हें किसने बन्दी बनाया है ? तुम तो स्वतन्त्र हो ।"

"तो क्या सिंहरण बन्दी है ?"

"नहीं, लेकिन एक प्रेमिका के दो प्रेमी तो नहीं हो सकते ।"

"पर्वतेश्वर ! यदि आप सिकन्दर से राजा जैसे व्यवहार की अपेक्षा न करके द्वन्द्व युद्ध मांगते तो मैं निश्चय ही आपके प्रस्ताव पर विचार करती ।"

"और यदि मैं सिकन्दर का विपक्षी बन जाऊं तो ?"

"पहले सिंहरण को मुक्त कीजिए महाराज ! ताकि वह यवनों के आक्रमण का अपने राज्य में जाकर मुकाबला कर सके ।"

महाराज के आदेश से सिंहरण मुक्त होकर मालव के लिए चल पड़ा ।

वहां उसके पहुंचने पर युद्ध परीक्षक ने उसे मालव सेना का सेनापति नियुक्त किया । और उसने समस्त परिषद के सामने आचार्य चाणक्य को राजनीति का उपदेश देने के लिए आमंत्रित किया ।

व्यासपीठ से आचार्य चाणक्य ने अपना वक्तव्य देते हुए कहा–

"उत्तरापथ के प्रमुख गणतन्त्र मालव परिषद का मैं आभार मानता हूं कि उन्होंने यहां अपनी बात कहने के लिए आमंत्रित किया । मुझे सिर्फ इतना कहना है कि युद्धकाल में एक नायक की आज्ञा माननी पड़ती है इसलिए यदि आप सबको यह स्वीकार है तो चन्द्रगुप्त को समस्त सेना का नायक स्वीकार करते हुए उसके नायकत्व में यवनों का सामना करना चाहिए और यदि आप इसका प्रतिरोध करेंगे तो यह ध्यान रहे, प्रश्न शासन का नहीं युद्ध का है । इस समय शासन से पहले युद्ध को जीतना आवश्यक है, शासन की बारी उसके बाद आएगी । यदि स्वतन्त्रता ही नहीं रही तो शासन का सवाल ही कहां रह जाएगा ?"

आचार्य चाणक्य के बाद सभी गणों ने इस निर्णय को सर्वसम्मति से स्वीकार कर लिया और स्त्रियों की ओर से मालविका को प्रधान नियुक्त किया गया ।

अब ये लोग यवन सेना का सामना करने के लिए पूरी तरह तैयार थे ।

रावी के किनारे अभी दूर-दूर तक यवनों की सेना का कोई अता-पता नहीं था लेकिन रावी के उस पार कुछ भारतीय सैनिक अवश्य दिखाई दे रहे थे । इनके पक्ष में मगध सैनिक और क्षुद्रक अपनी घात में तैयार थे कि कब यवन सैनिक आएं और उन पर आक्रमण किया जाए ।

इधर चन्द्रगुप्त की योजना थी कि यवन सैनिकों को उलझाने के लिए उनकी जल सेना पर आक्रमण कर दिया जाए । इससे कम से कम उनकी युद्ध सामग्री ही नष्ट होगी ।

यह आदेश पाकर सिंहरण नावों को बढ़ने का संकेत दे देता है तभी एक नाव

से अलका को वह उतरते देखकर प्रसन्नता में उसके समीप चला जाता है ।

सिंहरण भावावेश में अलका को अपने अंक में ले लेता है और प्रश्न करता है–"तुम यहां कैसे ?"

"पर्वतेश्वर ने अपनी शर्त तोड़ दी सिंहरण, तो फिर मैं त्याग किस बात के लिए करती ! वह सिंकन्दर को दिए वचन के अनुसार उसी के आदेश पर रावी के किनारे सैनिकों के साथ पहुंच गया है । इसलिए मैं जानबूझकर पर्वतेश्वर को छोड़कर यहां आ गई हूं ।"

तभी चन्द्रगुप्त ने कहा–"देवी ! यह युद्धकाल है । नियमानुसार तुम उपवन में चली जाओ ।" और मालविका के साथ अलका उपवन में चली गई ।

शिविर के समीप ही आचार्य चाणक्य भ्रमण कर रहे थे तभी कल्याणी उधर आ निकली–

"मैं आपको ही ढूंढ़ रही थी आचार्य ! सिकन्दर ने अपने आक्रमण की सीमा विपाशा को बना लिया है । अब वह आगे नहीं बढ़ेगा अत: आप मुझे मगध लौटने की आज्ञा दें । आर्य राक्षस भी आए हैं, मैं समझती हूं मेरा उनके साथ ही लौट जाना सही रहेगा ।"

"तो फिर चन्द्रगुप्त से क्या कहा जाएगा ?"

"मैं इस बारे में क्या कहूं आचार्य !"

"तुम्हें यहां न पाकर उसका हृदय कितना दुखी होगा, क्या तुम कल्पना कर सकती हो कल्याणी ?"

"लेकिन लौटना तो है ही आचार्य !"

"यह तुम कह रहे हो राक्षस, जो मगध का अमात्य होने का गौरव रखता है । तुम मगध की रक्षा मगध में ही करने का निश्चय कर चुके हो । ठीक है, मैं क्षुद्रकों से कहे देता हूं कि वे मार्ग से हट जाएं ताकि सिकन्दर को विपाशा पार करने में कोई कठिनाई न पड़े ।"

"नहीं, आचार्य इसके लिए तो मैं स्वयं रुकने के लिए तैयार हूं । परन्तु....."

"देखो अमात्य राक्षस ! यदि सिकन्दर रावी के किनारे पहुंच गया तो तुम्हारी सेना की आवश्यकता पड़ेगी । और यह ध्यान रखो, नन्द ने मेरा अपमान किया है मगध ने नहीं, मैं उसकी प्रतिष्ठा यवनों के हाथों जाने नहीं दूंगा ।"

अभी ये लोग बात ही कर रहे थे कि सूचना मिलती है–"सिंह पिंजड़े में बन्द हो गया है । सिकन्दर की जल यात्रा में इतना बड़ा हमला उस पर बोल दिया गया

कि वह स्थल मार्ग से आक्रमण के लिए बाध्य हो गया । अब वह मालव पर स्थल मार्ग से ही आ सकेगा ।''

यह सुनकर चाणक्य ने कहा–''सुनो राक्षस ! तुम अपनी सेना लेकर विपाशा के मार्ग पर अवरोध पैदा करो । क्षुद्रकों को लेकर मैं पीछे से आता हूं ।''

और चाणक्य के आदेशानुसार राक्षस विपाशा की ओर जाने के लिए तैयार हो गया तभी चाणक्य ने टोकते हुए कहा–

''सुनो राक्षस ! यह भी सुनते जाओ, नन्द को अपनी प्रेयसी सुवासिनी के साथ तुम्हारे अनुचित सम्बन्धों के बारे में ज्ञात हो चुका है अत: अभी तुम्हारा मगध जाना उचित नहीं होगा ।''

संकोच मुद्रा में मुस्कराते हुए राक्षस ने अपनी गर्दन झुका ली और मोर्चे पर चल दिया । चाणक्य भी अपनी दिशा की ओर बढ़ गए ।

इधर अलका चन्द्रगुप्त का बड़ी बेचैनी से इंतजार कर रही थी । चन्द्रगुप्त अभी नहीं आया था इसीलिए वह हर आहट पर बाहर झांक आती थी ।

अचानक उसकी ओर कुछ यवन सैनिकों का गुल्म बढ़ता दिखाई देता है, क्षण–भर के लिए वह घबरा जाती है क्योंकि वह अकेली कैसे इस आक्रमण को रोक पाएगी लेकिन वह भी तो एक क्षत्राणी है और वह वीर कन्या है । यह विचार आते ही वह प्राणपण से अपने साथ जो थोड़े–बहुत सैनिक होते हैं, उन्हीं को आदेश देकर आक्रमण को रोकती है ।

मालव दुर्ग के इस भीतरी प्रकोष्ठ में यह आक्रमण अवश्य किसी भेदिए का संकेत है लेकिन इस समय उनके पास यह सोचने का समय नहीं है । वह अपने धनुष की प्रत्यंचा चढ़ाकर घात का प्रत्युत्तर देती है ।

एक, दो, तीन क्रम से कई सैनिक मृत्यु को प्राप्त हो जाते हैं ।

तभी सिकन्दर स्वयं परकोटे पर चढ़कर ऊपर आ जाता है । वह अलका के तीर का वार बचाकर दुर्ग में कूद पड़ता है ।

अलका फिर उस पर बाण साधती है ।

इससे पहले कि सिकन्दर अलका को पकड़कर उसे अपने काबू में करे, सिहरण जो पीछे थे, यवन सैनिकों की नीयत भांपकर उनका पीछा करते हुए यहां तक आ गया था, अपनी तलवार से वार करता हुआ परकोटे में कूद पड़ता है और वहीं से चिल्लाकर कहता है–''सम्राट सिकन्दर ! तुमने स्वयं इतना साहस क्यों किया ? तुम्हारे प्राणों का तो मूल्य कहीं अधिक है ।''

सिकन्दर जो अब उठकर सम्भल चुका था, उसने उत्तर देते हुए कहा, ''वीर

सिकन्दर केवल आदेश देने वाला सम्राट नहीं है, आवश्यकता पड़ने पर वह स्वयं सैनिक की भान्तिजान जोखिम में डालने का अभयस्त है।" और यह कहते हुए एक तेज़ भाला उसकी ओर फेंक देता है।

सिंहरण अपनी ढाल से उसे बेकार करते हुए तलवार के वार से सिकन्दर को निहत्था कर देता है।

क्या अजीब इत्तफाक है! इतनी विराट सेना का स्वामी आज मालव के प्रकोष्ठ में नितान्त अकेला एक बन्दी के रूप में असहाय और घायल शत्रु की कृपा के लिए याचना की मुद्रा में आ जाता है।

तभी यवनों के कुछ सिपाही भीतर प्रवेश करते हुए सिंहरण को घेरकर उस पर आक्रमण करते हैं और यह चुनौती देते हैं कि, "तुम्हारे दुर्ग का द्वार टूटते ही हमारे वीर सैनिक इसको तहस-नहस कर देंगे।"

लेकिन सिंहरण अपनी तलवार की नोक को सिकन्दर के ऊपर जमाए हुए सचेत होकर पहले मुस्कराता है और फिर उन्हें संबोधित करते हुए कहता है–"तुम मूर्ख हो! देखते नहीं कि तुम्हारा सम्राट प्राणों की भिक्षा तले बैठा है, निरुपाय-निस्सहाय। और तुम जिस नेता की बात कर रहे हो, यह भी जान लो कि उस सेना के पीछे चन्द्रगुप्त अपनी सेना के साथ तैनात है। तुम्हारे दुर्ग में घुसने से पहले ही तुम्हारी सेना मर-खप जाएगी।"

और फिर हाथ के इशारे से उन्हें बताता है–"मुट्ठी-भर सैनिकों से तुम भारत विजय करने का संकल्प पूरा करना चाहते हो? तुम अपनी खैर चाहते हो तो अपने सम्राट को उठा ले जाओ। कहीं मालवों को यह ज्ञात न हो जाए कि यह वही सम्राट सिकन्दर है जिसके वे रक्त के प्यासे हैं।"

तभी पीछे से मालव सैनिकों का बड़ा दल आवाज़ करते हुए सिंहरण को आदेशसूचक शब्दों में कहता है–"दया नहीं सेनापति! बदला। इस आक्रान्ता ने अकारण ही हमारी शान्ति भंग करते हुए निरीह जनता का वध किया है। हमें बदला लेना है।"

"ठहरो वीरो! किसी को प्राण का दान देना भी उसके अहंकार को नीचे गिराकर उसके मस्तक को झुका देना भी एक बदला ही है।"

और फिर सिकन्दर से–"जाओ सम्राट! पर्वतेश्वर के प्रति तुम्हारी उदारता का यह प्रत्युत्तर है। हम भारतवासी कृतज्ञता तो अनुभव करते हैं लेकिन किसी का अहसान बकाया नहीं रखते।"

धीरे-धीरे सिकन्दर उठते हुए दो यवन सैनिकों का सहारा लेकर वहां से

चुपचाप निकल जाता है ।

अभी सिकन्दर गया ही था कि एक घबराया सैनिक उसे आकर यह सूचना देता है कि सेनापति सैल्यूकस को चन्द्रगुप्त की सेना ने पीछे से घेर लिया है और उन्हें बाध्य होकर अपने आपको पीछे लौटाना पड़ा ।

सिकन्दर के लिए अब इस पराजय का भी कोई अर्थ नहीं रह गया था, वास्तव में महर्षि दाण्डायन के यहां जब से यह चाणक्य से मिलकर लौटा और राष्ट्र के प्रति उसकी दृष्टि को पहचाना, साथ-साथ पर्वतेश्वर और मालव के लोगों का व्यवहार करीब से जाना, सिकन्दर के विश्व-विजय का स्वप्न उसे अर्थहीन लगने लगा । अब वह स्वयं भी यह चाहने लगा था कि बहुत हो चुका, अब यहां से वापसी की तैयारी करनी चाहिए ।

और धीरे धीरे सिकन्दर इसी प्रकार विचार करता हुआ अपने शिविर में लौट गया ।

सिकन्दर की वापसी

विपाशा नदी की शीतल लहर मंद-मंद गति से कलकल नाद करती हुई आगे बढ़ रही थी । इसके सुरम्य-शान्त किनारे पर भारतीय सैनिकों का विशाल शिविर लगा हुआ था और इस शिविर का गणनायक राक्षस था । राक्षस शिविर के बाहर नदी के किनारे एकान्त में टहल रहा था । इस समय वह अकेला था ।

उसे याद आया कि एक दिन नन्द की राजसभा में आचार्य चाणक्य ने उन्हें कितने धैर्य से यह समझाने का प्रयास किया था कि राजन् ! यवन आक्रमणकारी हैं । वे ब्राह्मणों और बौद्धों में भेद नहीं मानेंगे इसलिए ब्रह्मत्व का पालन करते हुए हमें शस्त्र और शास्त्र दोनों में पारंगत होना चाहिए लेकिन अहंकारी राजा ने शान्त बौद्धों के विचार को महत्त्व देते हुए ब्राह्मण का प्रस्ताव ठुकरा दिया था और यही नहीं, भरी सभा में उसे अपमानित करके सैनिकों द्वारा उसकी शिखा का उपहास करते हुए खींचकर सभा भवन से बाहर करा दिया था ।

लेकिन आज आचार्य चाणक्य की एक-एक भविष्यवाणी, उनकी एक-एक चिन्ता और एक-एक कथन बिल्कुल सही उतरे हैं ।

आज यदि इस तट पर यवनों को न रोका जाता और इसके लिए आचार्य की योजना को न मानकर मालव और क्षुद्रक जाति के बीच थोड़े-से ही प्रमाद में यदि यवन सेना शतद्रू को बिना किसी अवधान के पार कर जाती तो मगध तक पहुंचने

से उसे कोई नहीं रोक सकता था और यह कलंक मगध से गांधारराज तक सभी के ऊपर लगता ।

कितना बड़ा साहस किया चाणक्य ने, कितनी आगामी योजनाओं को सोचने की शक्ति है उनमें और कितने बड़े संकट का पूर्वाभास कर लिया था उन्होंने ।

वाह मगधनरेश नन्द ! तुम भी कितने मूर्ख हो । तुमने अपने ही राज्य के एक हितचिन्तक को समझने में इतनी बड़ी भूल की !

मुझे वापिस लौटने के कितने संदेश भेजे किन्तु आज मुझे लग रहा है कि यहां मेरा कितना सार्थक उपयोग हुआ है । मगध की रक्षा के लिए मैंने भी अपनी सेवाएं प्रस्तुत कीं । अमात्य होने के कारण मेरा भी तो यह दायित्व है ।

वह अभी यह सोच ही रहा था कि दुष्ट नन्द के भेजे चाकरों ने उसके सम्मुख मगध सम्राट का आज्ञापत्र प्रस्तुत कर दिया ।

यह क्या ? मेरे राष्ट्रधर्म की प्रतिपालन का यह पुरस्कार !

मुझे बन्दी बनाने का आदेश !

वाह महाराज नन्द ! क्या आदेश है ! मैंने मगध की रक्षा में अपना जीवन दांव पर लगाया लेकिन यह राजसेवा कितनी कुटिल और बिश्वासघाती है और फिर अपने आपमें बड़बड़ाते हुए–"पराजय हो जाती मगध की, मर जाती, कट जाती प्रजा, उतर जाते नन्द राजगद्दी से और स्वयं बन्दी हो जाते, मारे जाते एक पशु की तरह लेकिन मैंने तो अपने नागरिक होने का धर्म निभाया ।"

आए हुए सैनिकों के नायक ने आदेश दिया–"बांध लो अमात्य राक्षस को, और आज्ञा के अनुसार ले चलो महाराज नन्द के सम्मुख ।"

सैनिक राक्षस की ओर बढ़े लेकिन इससे पहले ही उनके पीछे से एक आवाज उभरती है–"ठहरो, इस साहसपूर्ण दुष्कृत्य से पहले देखो, तुम्हारे प्रतिरोध में हम भी खड़े हैं । मालव और क्षुद्रक अभी मरे नहीं ।"

तभी राक्षस ने उनसे कहा–"आप कौन हैं ?"

आचार्य चाणक्य के भेजे आपके जीवनरक्षक अमात्य ! चाणक्य ने हमें आदेश दिया है कि जब तक यवनों का उपद्रव पूरी तरह शान्त नहीं हो जाता तब तक हमें अपने गुल्मों के सभी नायकों, सैनिकों आदि की रक्षा करनी है और हां अमात्य ! आपको आचार्य चाणक्य ने याद किया है । यह पत्र आपके लिए है ।"

आश्चर्य से–"मेरे लिए पत्र ! क्या समाचार है ?"

"आप स्वयं देख लें !"

राक्षस पत्र को खोलकर पढ़ते हुए चाणक्य की बुद्धि का लोहा मान

बैठता है । अलका का सिंहरण से विवाह हो रहा है और उसमें आचार्य ने राक्षस को भी सम्मानपूर्वक निमंत्रण दिया है ।

मुस्कराते हुए, ''क्या प्रखर प्रतिभा है आचार्य की ! कैसा खिलवाड़ करते हैं वे कूटनीति से !''

चाणक्य के भेजे सैनिकों ने नन्द के सैनिकों को बन्दी बनाकर उपनायक द्वारा बंदीगृह भिजवा दिया और नायक स्वयं राक्षस को साथ लेकर चाणक्य की सेवा में उपस्थित होने चल दिया ।

नायक ने मार्ग में ही राक्षस को यह समाचार दिया कि पराजय के बाद यवनों ने मालवों से सन्धि करने का प्रस्ताव भेजा है और सिकन्दर ने उस वीर बालिका को देखने की इच्छा प्रकट की है जिसने दुर्ग में सिकन्दर को अपनी जान पर खेलकर रोका था ।

''हां आर्य अमात्य ! यह तो मैं बताना भूल ही गया कि इस अवसर पर स्वयं सम्राट सिकन्दर भी उपस्थित होंगे ।''

यह सुनकर बरबस ही राक्षस के मुंह से निकल पड़ा—''तुम धन्य हो चाणक्य ! वास्तव में तुम धन्य हो । अद्‌भुत मस्तिष्क पाया है तुमने । कैसी गोटियां चलते हो कि सामने वाला धराशायी होकर रह जाता है ।

''जिस सिकन्दर के बल से आतंकित होकर गांधारराज के पुत्र आम्भीक ने कायरतापूर्ण समर्पण कर दिया, पर्वतेश्वर की सेना बिखर गई और वह निरुपाय सन्धि के लिए बाध्य हुआ, उसी सिकन्दर को मालव प्रदेश में तुमने ऐसी पटखनी दी कि वह भारत विजय के संकल्प को त्यागकर वापिस लौटने का संकल्प बनाता दिखाई दिया ।

''भला नन्द ऐसे कुशल और ज्ञानी विचार पुरुष की समझ को कैसे पचा पाता ! तुम धन्य हो चाणक्य !''

धीरे-धीरे ये लोग चलते गए और आचार्य चाणक्य के समीप पहुंच गए । वहीं राक्षस को महाराज नन्द की पुत्री राजकुमारी कल्याणी भी मिली ।

अभी वे वहां पहुंचे ही थे कि राजकुमारी ने राक्षस को देखकर कहा, ''देखा अमात्य राक्षस ! कितना विराट दृश्य था ! कोई कल्पना कर सकता ह। इस संयोजन की ? पता नहीं मगध को किस बात का डर है ?''

''तुम भूल रही हो राजकुमारी! सेनापति चन्द्रगुप्त और आचार्य चाणक्य मगध की ही प्रजा है जिन्होंने इस विराट दृश्य को सफल रूप से मंचित करते हुए हमारे सम्मुख प्रस्तुत किया है । क्या मगध को इस बात पर गर्व नहीं होगा?

"तो क्या तुम यह हृदय से स्वीकार करते हो अमात्य !"

"कृपया और अधिक लज्जित न करें आचार्य चाणक्य ! मैं पहले ही अपने द्रुष्कृत्यों-के प्रति सिर झुकाये आपके सम्मुख नतमस्तक हूं ।"

"उचित कर्म के लिये तो शत्रु की प्रशंसा करना भी मनुष्य का धर्म है । और फिर आप तो हमारे अपने मगधवासी और मगध हितैषी हैं। आपके लिये शत्रु शब्द का सम्बोधन करके मैं अपने लिये नरक का द्वार नहीं खोल सकती मैं आपके सम्मुख हृदय से आपकी श्रेष्ठता स्वीकार करता हुआ, आपका अनुचर बना नतमस्तक हूं आचार्य चाणक्य ?"

"यदि ऐसा है तो अब तुम चाहो तो मगध लौट सकते हो । लेकिन एक बात का ध्यान रखना कि मेरे आदेश से पूर्व यहां का कोई समाचार मगध तक नहीं जाना चाहिये ।"

"आचार्य ! कल राजकुमारी कल्याणी मगध लौटेंगी पर मैंने अभी जाने के लिये निश्चय नहीं किया है ।"

"राजकुमारी जाएं तो वह यह प्रतिज्ञा लेकर जाऐं कि नन्द से इस युद्ध परिणाम और स्थिति का कोई वर्णन न करें ।"

"मैं आश्वासन देता हूं आचार्य !"

"और हां राक्षस ! मैं तुम्हारी भेंट सुवासिनी से करा देता किंतु मुझ पर वह विश्वास नहीं करती । यदि तुम अपनी मुद्रा दो तो मैं उसे तुम्हारा समाचार भिजवा सकता हूं ।" आर्य राक्षस ने अपनी पहचान की मुद्रा उंगली से निकाल कर आचार्य के सम्मुख रख दी ।

आचार्य चाणक्य को अपने लक्ष्य में एक और सफलता मिल गई । वह इस मुद्रा का सदुपयोग कर सकते हैं।

चाणक्य मुद्रा लेकर और उनको आशीर्वाद देकर, उन्हें विदा कर देते हैं ।

राजकुमारी मगध के लिये प्रस्थान करने की तैयारी में जुट जाती है और राक्षस अपने कार्य मे लग जाता है। कितनी जल्दी कितना बड़ा परिवर्तन हो गया। इसके सिरे केवल दो ही व्यक्ति जानते हैं, आचार्य चाणक्य और चन्द्रगुप्त ।

यहां से चलकर चाणक्य तेजी से उत्तरापथ की ओर बढ़ जाते हैं । यहां का दृश्य भी अपने आपमें बड़ा जटिल बनता जा रहा है । रावी के किनारे पर सिकन्दर की वापसी के लिये शिविर का निर्माण किया जा रहा है । यहां एक बहुत बड़ा उत्सव मनाया जाएगा और इसका आयोजन पंचनद नरेश पर्वतेश्वर कर रहे हैं । लेकिन मन में एक गहरी उथल-पुथल है । जिसका मस्तक सदैव ऊंचा रहा वही सम्राट सिकन्दर

के सामने तिरस्कृत हुआ और वह भी एक स्त्री के द्वारा । अब जीवन का अर्थ क्या रह गया ? अलका-सिंहरण वर और वधूबन गए। वह अलका किस चालाकी से सिंहरणको मेरे बदींगृह से मुक्त करा कर ले गई और मार्ग में मुझे भी गचका दे गई । सबसे अधिक कष्ट की बात तो यह है कि स्वय स्रमाट सिकन्दर उसकी प्रशंसा करते नहीं थक रहा ।-

इस अपमान का बदला दो ही तरह से लिया जा सकता है या तो सिहंरण को मौत के घाट उतार दूं या फिर स्वयं आत्मघात कर लूं ।

और फिर एकदम भावावेश में आकर पर्वतेश्वर ने अपने कूल्हे से छुरा निकालकर अपने पेट में घोंपने के लिये इरादा बना लिया ।

"अरे ! यह क्या कर रहे हो ?" और यह कहते ही चाणक्य ने अकस्मात वहां पहुंच कर पर्वतेश्वर का हाथ पकड़ लिया ।

"मुझे छोड़ दो चाणक्य ! अब मेरे पास किसी की देने के लिये कुछ नही है ।"

"पहले छुरा छोड़ो ।"

"आखिर तुम चाहते क्या हो ?"

"मैंने अपना राज्य दिया, प्रतिष्ठा दी ।"

"लेकिन यह तुमने स्वयं दिया । मैंने नहीं मांगा था महाराज पुरू !"

"तो फिर अब क्या चाहते हो ? क्यों रोकना चाहते हो मुझे मरने से ?"

"केवल एक प्रश्न कर रहा हूं तुमसे और तुम्हें इसका उत्तर देना होगा।"

"तुम भी मुझे अपमानित करना चाहते हो ? मैं मान गया हूं कि तुमने जो प्रस्ताव किया था और जो संकट पहचाना था और जिसके लिये तुमने मेरी सहायता मांगी थी, वह मेरा अपने जीवन का सबसे बड़ा अपराध था कि मैने तुम्हारी बात नहीं मानी । तुम सच कह रहे थे आचार्य ! इसलिये अब अपने प्राण त्यागकर मैं उस भूल का प्रायश्चित्त करना चाहता हूं ।"

"लेकिन यह तो तुम्हें ही बताना पड़ेगा पुरू ! कि चन्द्रगुप्त को तुम क्षत्रिय मानते हो या नहीं और क्या सेनापति पद पर प्रतिष्ठित करके मैंने कोई भूल की ?"

"मुझ पर व्यंग्यबाणों की वर्षा मत करो चाणक्य ! मैं तुम्हारे सामने नतमस्तक हूं और यह जो विराट आयोजन इस नदी के तट पर हो रहा है, क्या चन्द्रगुप्त के क्षत्रियत्व का इससे बड़ा कोई और प्रमाण हो सकता है कि मैं पचनद का राजा समर्थ होते हुए भी जो कार्य नहीं कर सका, वह सेनाविहीन लेकिन दिव्यदृष्टि चाणक्य के सहयोग से चन्द्रगुप्त ने कर दिखाया । हे आचार्य ! अब मैं आश्वस्त हृदय से कह

सकता हूं कि चन्द्रगुप्त में एकछत्र सम्राट होने के गुण विद्यमान हैं । अब तो मुझे अपने जीवन से मुक्त होने दो ।''

पुरू ! तुम कायर तो नहीं हो क्योंकि अगर होते तो आम्भीक की तरह म्लेच्छ का उत्कोच स्वीकार कर लेते और आर्यावर्त की प्रतिष्ठा को गिरवी रख देते लेकिन तुमने अपनी मर्यादा के लिये युद्ध करना स्वीकार किया, इसलिये तुम वीर हो ।

''और सुनो ! यह भी ध्यानपूर्वक सुन लो कि ब्राह्मण राज्य करता नही कराता है, वह राजा को बनाता है । उस नीति का निर्माण करता है जिस पर चल कर राजा और राज्य दोनों ही सुखी होते हैं । इसलिये तुम अभी राज्य से मुक्त नही हो सकते । इसे मेरा आदेश मानो या निर्णय, तुम्हें अभी राज्य करना है पुरू ! और वह कार्य जो भारतीयों के लिये गौरव प्रदान करता है, तुम्हें वह भी करना बाकी है ।''

''मुझे ? ऐसा कौन सा काम है जो गौरवशाली है और मुझे करना बाकी है ?'' अचानक आश्चर्यचकित हो कर पुरू अपने हाथ का छुरा फेंक देता है और चाणक्य से पूछता है--''बताओ आचार्य ! क्या कार्य है ?''

''जिन यवनों ने तुम्हें परास्त करके इस तरह अपमानित किया है, उनसे अपमान का बदला लेना है ।''

''यह अब सम्भव नहीं है आचार्य !''

''हो जाएगा । तुम अभी अपनी दुर्बलता से परिचित हो लेकिन तुम्हें अपने बल से भी परिचित होना पड़ेगा । कल तक जो बल तुम्हारे साथ जुड़कर तुम्हें और बलशाली बनाना चाहता था, तुमने उसकी उपेक्षा की थी लेकिन आज तुम उस स्थिति में आ गए हो कि उस बल की वास्तविकता को समझ कर अपना वास्तविक बल पहचान सकते हो । मगध और मालव की सेनाएं आज भी तुम्हारे साथ हैं और तुम केवल पंचनद के ही स्वयंभू सम्राट नहीं हो बल्कि आर्यावर्त की एक इकाई के रक्षक हो ।

''यूं बिना सोचे-विचारे काम से पहले ही अपने पैरों को लड़खड़ाने मत दो पुरू ! तुम क्या हो ? इसे पहचानो । तुम्हारी सत्ता में हस्तक्षेप करके यवन सम्राट सिकन्दर ने जो क्षेत्र अधिकारी नियुक्त किया है और जिन नीतियों को वह यहां लागू करना चाहता है, यह मेरे जीते जी नही हो सकता इसलिये राज्य की बागडोर तुम्हें स्वयं संभालनी होगी ।''

''लेकिन......''

''अब और कोई लेकिन-वेकिन नहीं । वह दान नही था, बलात् हस्तक्षेप था, उसमें कोई सच्चाई नहीं है ।''

"तो फिर मेरे लिये क्या आदेश है ?"

"फिलहाल तुम सिंहरण को अपना भाई मानकर उसके विवाह को स्वीकृति देते हुए उन्हें आशीर्वाद दो । और अलका को अपनी बहन समझो ।"

"अलका ! कहां है अलका ?" अलका का नाम सुनकर उसका बूढ़ा पिता गांधारराज तेज कदम बढ़ाते हुए उनके पास आया और पूछने लगा,-"पर्वतेश्वर या चाणक्य दोनों में से कोई भी उस समय उसे नही पहचानते ।"

तो पर्वतेश्वर ने चौंककर कहा--"तुम अलका के बारे में क्यों पूछ रहे हो ? और तुम हो कौन जो इस समय यहां इस तरह आये हो ?"

तब तक चाणक्य गौर से देखने पर उस वृद्ध को पहचान गए थे इसलिये उन्होंने पर्वतेश्वर से कहा,"राजन् ! मैं इन्हें पहचान गया हूं । यह दुर्भाग्यशाली गांधारनरेश हैं ।"

यह सुन कर तो पर्वतेश्वर झुक गया और उन्हें प्रणाम करते हुए सहारा देते हुए उपयुक्त स्थान पर बिठलाया ।

गांधारनरेश पर्वतेश्वर के इस सम्मान को पाकर पुलकित हो उठे लेकिन निराशा के स्वर में बोले--"तुमने मेरा आदर किया, तुम्हारा आभारी हूं । मेरी संतान ने समूचे आर्यावर्त का बड़ा अनिष्ट किया है ।

चाणक्य ने बीच में रोक कर कहा--"केवल आम्भीक कहो गांधारराज ! क्योंकि उसने तुम्हें लज्जित किया है लेकिन तुम्हारी पुत्री अलका ने तो देश के गौरव में अपना सब कुछ होम करने का बीड़ा उठा लिया था । वह तो एक चिंगारी बन कर आई थी ।"

"उसी को तो देखने की इच्छा बाकी लिये मैं भी जीवित हूं । मैं केवल उसको देखने के लिये जीवित हूं आचार्य ।"

"गांधारराज ! तुम्हारी पुत्री अब सौभाग्यवती होने जा रही है । आओ, तुम बहुत उपयुक्त समय पर आये हो । उसका कन्यादान अपने हाथों से करो ।"

"चलिये आचार्य ! आओ पर्वतेश्वर ! तुम भी आओ ।" और ये लोग उस स्थान पर चले जाते हैं जहां अलका और सिंहरण वर-वधू के रूप में उपस्थित थे ।

सिंहरण और अलका का यह मिलन सभी के लिये सुख देने वाला समाचार था लेकिन इसके साथ-साथ धीरे-धीरे एक ओर सम्बन्ध प्रगाढ़ता की और बढ़ रहा था, वह था चन्द्रगुप्त और कार्नेलिया का ।

महर्षि दाण्डायन के आश्रम में जब से चन्द्रगुप्त ने यवन सेनापति सैल्यूकस

की पुत्री को देखा था तब से ही चन्द्रगुप्त उस गौरवर्णी शरद ऋतु के समान सुन्दर कार्नेलिया के प्रति प्रभावित हो गया था । आज उसी को अपने सम्मुख देखकर वह अपनी प्रसन्नता को नहीं रोक सका और उससे कह ही बैठा--"कुमारी ! आज तुम अनुमान लगा सकती हो कि मैं कितना प्रसन्न हूं !"

"क्यों ? ऐसी क्या बात है चन्द्रगुप्त ?"

"यह कम प्रसन्नता की बात है कि तुम्हें छोटी सी मुलाकात के बाद मेरी स्मृति बनी रही ।"

"सेनापति ! स्मृति कोई बहुत अच्छी वस्तु है क्या ?"

"यह तो जीवन का पुरस्कार है ।"

"तो क्या मुझे नहीं दिखाओगे इस पुरस्कार को ?"

"यह देखने के लिए तो तुम्हें खुद मेरी आंखों में देखना होगा ।"

"इतना भावुक मत बनो सेनापति ! तुम जानते हो कि मैं यवन देश की रहने वाली हूं । ऐसे समय में यादें बड़ा कष्ट देती हैं । ये केवल सांस के आने जाने के साथ आती-जाती हैं ।"

"मैं तो ऐसा नहीं मानता लेकिन क्या तुम ऐसा समझती हो ? और क्या तुम भूल सकती हो कि कभी हम एक-दूसरे के साथ अपरिचित होते हुए भी भावना में बंध गए थे ।"

"मैं नहीं जानता कार्नेलिया, कि वह कौन सा बंधन या आकर्षण था, जिसने तुम्हारी एक ही झलक को मेरे मन पर अंकित कर दिया था ।"

"मैं तो मानती हूं और शायद इसीलिये उस दिन से इस भूमि को देखने का मेरा दृष्टिकोण ही बदल गया था । ये घने कुंज, ये नदियां, ये जंगल, ये बड़े-बड़े पर्वत, हरी-हरी क्यारियां, यहां की गर्मी, समूचा आर्यावर्त मेरे मन पर अपनेपन का लेप करता रहा है । सचमुच ये सपनों का देश है चन्द्रगुप्त ! यहां मैंने त्याग का अनुभव किया है । यह भारत भूमि मानवता की जन्मभूमि है । आर्य ! यह कभी भूली नही जा सकती ।"

"तुम तो कविता करने लगी कार्नेलिया !"

"हर वह संवाद जो छः तंत्री के सारे कपाट चीरकर सीधे भीतर से बाहर शब्द रूप में ढल कर व्यक्त होता है, स्वयं कविता बन जाता है चन्द्रगुप्त ! लेकिन यह जीवन की त्रासदी हो गई है ।"

"क्यों, ऐसा क्या हो गया ?"

"मुझे पूरा विश्वास था कि इस प्रदेश के क्षेत्राधिकारी मेरे पिता सैल्यूकस

नियुक्त होंगे और मैं भारत को समीप से देख सकूंगी लेकिन सम्राट ने फिलिप को यहां का शासक नियुक्त कर दिया ।''

''तो इस में बुरा क्या किया कार्नेलिया ? तुम तो मेरे शासक होने पर भी यहां रह सकती हो ।''

पता नही कहां से फिलिप ने टपक कर इन दोनों के बीच व्यवधान उपस्थित करते हुए यह वक्तव्य दिया और चन्द्रगुप्त की ओर देखते हुए कहा,

''अच्छा, तो तुम बहादुर युवक, तुम यहां भी कार्नेलिया कि साथ हो ?''

''सावधान हो जाओ फिलिप ! और जो कह रहे हो, उसे रुक कर और सोच कर कहो ।''

''तुम कौन होते हो मेरे ऊपर पाबन्दी लगाने वाले, तुम्हारा और मेरा संबंध ही क्या है ?'' फिलिप ने चन्द्रगुप्त से कहा ।

''और मुझसे भी सम्बन्ध नही है फिलिप्स !''

''यह तो मैं मान लूंगा लेकिन मैं नहीं देख सकता कि तुम चन्द्रगुप्त से प्रेमालाप करो ।''

''क्यों ? क्या पिताजी ने तुम्हें मेरा अंगरक्षक नियुक्त कर दिया है ?''

''अनर्गल बोलने से पहले तुम्हें मुझसे युद्ध करना होगा फिलिप !''

''ठीक है, मैं तुम्हारे इस आह्वान का स्वागत करूंगा ।'' और जिस तेजी से आया था उसी तेजी से वह चला भी गया ।

''कितना बड़ा अन्तर है चन्द्रगुप्त ! सिकन्दर ने भारत से युद्ध किया और मैंने भारत का अध्ययन किया । अरस्तु और चाणक्य दोनों ने अपने अपने शिष्यों को आमने-सामने कर दिया लेकिन यहां भारत आकर अरस्तु हार गया चन्द्रगुप्त ! कोई कुछ भी कहे लेकिन मैं इसे आचार्य चाणक्य की विजय ही मानती हूं ।''

''तुम्हारा तो आज बेड़ा वापिस लौट रहा है।''

''हां चन्द्रगुप्त ! लेकिन मुझे विश्वास है कि मैं दुबारा लौटूंगी।''

''और मुझे भूलोगी तो नहीं ।''

और फिर अपने जाने की तैयारी में व्यस्त हुई कार्नेलिया अपने शिविर की और लौट गई और उस जगह खड़ा चन्द्रगुप्त बहुत देर तक लौटती हुई कार्नेलिया को देखता रहा । उसे बार-बार लगता रहा कि वह पीछे मुड़कर देखेगी, वह लौट आएगी । लेकिन वह न लौटी और न उसने पीछे मुड़कर देखा क्योंकि कार्नेलिया शायद जानती थी कि लौट आना सम्भव नही और पीछे मुड़कर देखने से चन्द्रगुप्त इन चुगलखोर

आंखों का रहस्य जान लेगा । धीरे-धीरे चन्द्रगुप्त लौट आया और प्रतीक्षा करने लगा उस शाम की जब सिकन्दर का बेड़ा अपनी यात्रा को अधबीच में छोड़कर लौट जाएगा ।

❑ ❑

"क्या सोच रहे हो पुरू ? मैंने जो कुछ किया, अच्छा था या बुरा, यह तुम्हारी समझ में स्वयं आ जाएगा । यह जो रावी का तट है और सामने वापिस लौटने के लिये सिकन्दर का बेड़ा तैयार है । एक आक्रान्ता द्वारा पैदा की गई अशांति का ज्वार आज थम जाएगा पुरू । आज थम जाएगा ।"

"मैं मानता हूं आचार्य ! आपका यह कार्य ऐतिहासिक कार्य बन गया ।"

"सुनो पुरु ! अब तो तुम्हें चन्द्रगुप्त के बाहुबल का भरोसा हो गया है । देखो, आज तुमसे फिर मैं अपनी बात दुहरा रहा हूं । एक बार पहले भी मैंने तुमसे कहा था कि नन्द के हाथों से मगध का उद्धार करने के लिए तुम सहायता करो और तुमने तब सीमा प्रदेश की हलचल से भयभीत होकर अपने पुराने वैर के कारण अपनी सेना के कुछ सिपाही भी मुझे देने से मना कर दिया था । लेकिन राजन्, आज मैं तुमसे फिर यह कहता हूं और तुम ही से दुबारा मांग रहा हूं सहायता कि अपनी सेना भेजकर मगध का उद्धार कर बिखरते आर्यावर्त की रक्षा कर लो ।"

"मैं अपने पिछले कृत्य पर शर्मिन्दा हूं आचार्य ! आज मैं आपकी आज्ञा शिरोधार्य करते हुए हृदय से प्रस्तुत हूं ।"

"तो चलो पर्वतेश्वर ! आज यवनों को विदा करके फिर इस पर योजनाबद्ध तरीके से विचार करते हुए आगे बढ़ेंगे ।" और इस तरह बात करते हुए वे सब रावी के तट पर पहुंच गए ।

यहां का दृश्य बड़ा भावुक हो रहा था । सिकन्दर, सैल्यूकस, कार्नेलिया और फिलिप्स यवन सैनिकों के जमवाड़े के साथ सिंहरण, अलका, मालविका और आम्भीक भी विदाई समारोह में उपस्थित थे । गाजे-बाजे के साथ सिकन्दर महान को भारतीय प्रसन्नतापूर्वक विदा कर रहे थे ।

तभी आगे बढ़ते हुए सिकन्दर ने चन्द्रगुप्त को देख कर कहा--

"बधाई हो चन्द्रगुप्त !"

"मुझे किस बात की बधाई सम्राट ?"

"यह बधाई भारत के सम्राट चन्द्रगुप्त को दे रहा हूं क्योंकि जब तुम सम्राट

होओगे, तब यहां मैं तो होऊंगा नहीं इसलिये तुम्हें तुम्हारे राजा होने की अग्रिम बधाई दे रहा हूं।"

"सच ही आज मुझे दाण्डायन मुनि का वह कथन स्मरण हो रहा है , कितना सही कहा था उन्होंने ? वास्तव में मैं यहां आकर लड़ा अवश्य लेकिन मुनि दाण्डायन के दर्शनों के बाद जय और पराजय का फासला बहुत अधिक नहीं रह गया है और मुझे दोनों ही से अलग मानवीय मूल्यों की प्रतिष्ठा ने ज्यादा प्रभावित किया।"

"आप तो दार्शनिक हो रहें हैं सम्राट !"

"जहां आप जैसा आचार्य हो चाणक्य ! वहां किसी को दार्शनिक होने में कोई सन्देह नहीं रह जाता। अरस्तु मेरे गुरु रहे, प्लेटो का मैने अध्ययन किया है और इससे जो जाना है, उसी से आपको प्रणाम करता हूं आचार्य ! आप वास्तव में धन्य हैं।

"मैं यहां तलवार खींचे हुए युद्ध की मुद्रा में आया था लेकिन भारत की भूमि को जीतकर भी मन दे बैठा। मैं हृदय से पराजित हो गया आचार्य ! मेरे लिये कितना सुखद अनुभव है कि जिन लोगों से रणभूमि में दो हाथ किए आज मेरे लौटने के समय वही लोग मुझे भावभीनी विदाई देने के लिये उपस्थित हैं "आप लोगों ने मुझे मित्रता का पात्र माना, मैं आपका और आपकी संस्कृति का अनुचर हो गया हूं।"

"आर्य सिकन्दर, तुम वास्तव में वीर हो, गुणी हो और कुलीन हो। हम भारतीय सदा गुण की पूजा करते हैं। मैं चाणक्य इन सब की ओर से तुम्हारा धन्यवाद करता हूं कि तुम आए और हमें मैत्री का अवसर दिया।"

अपनी नाव में चढ़ता हुआ सिकन्दर धीरे-धीरे नदी के रास्ते में बढ़ता हुआ दूर जाता हुआ एक परछाई की तरह नजर आ रहा था। वैसे उसका आना और आक्रमण करना भी तो एक सच्चाई थी।

इतना सम्मान उसे भारत में मिला। सिकन्दर को लग रहा था कि जो अमिट खजाना उसे भारतीयों से मिला वह कभी खत्म नही होगा।

नन्द राज्य की समाप्ति

चाणक्य के सामने अब एक ही लक्ष्य बाकी था ....मगध का उद्धार।

और वह पिछले कई वर्षों से निरन्तर इसी मार्ग पर बढ़ता हुआ यहां तक आ गया, पीछे मुड़ कर नहीं देखा। कितने ही पड़ाव आये,मादक गंधों वाले पुष्प गुच्छ

उसे भेंट हुए लेकिन उसके सामने तो कांटों भरा लक्ष्य था । फूलों की गंध में वह स्वयं को कैसे उलझा सकता था ? सुवासिनी ऐसी ही एक गंध थी । कितनी दूर चली गई सुवासिनी !

जबकि सुवासिनी उससे दूर नहीं थी । उसने भी तय की थी यात्रा, एक लंबी यात्रा । मगध के पुष्पोद्यान में नृत्य से लेकर नन्द की रंगशाला तक जहां उसे कई बार राक्षस और नन्द में विकल्प ढूंढने के अवसर भी आए किन्तु कोई भी मादकता, कोई भी विभ्रम उसे अपने विष्णुगुप्त से दूर नहीं कर सका ।

अभी भी चाणक्य मगध के बारे में ही विचारमग्न थे । उनकी दृष्टि में केवल नन्द है, मगध का राजसिंहासन है, पिता चणी, महामात्य शकटार और सेनापति मौर्य के प्रति किया गया अत्याचार है और अधिकारों के लिये रिरियाती लेकिन आतंक में मौन जनता की कातर आंखों का सन्नाटा है । इनके बीच में कभी-कभी चाणक्य को सुवासिनी का चेहरा भी झलक उठता है लेकिन वह उसका लक्ष्य नहीं और अब तो उपलक्ष्य भी नहीं ।

चन्द्रगुप्त बिना आहट किए आचार्य के पास आकर बैठ जाता है । और मंत्रमुग्ध सा देखता रहता है, आचार्य के चेहरे की बदलती भंगिमा को ।

"अरे ! सम्राट तुम !"

चन्द्रगुप्त चरण छूते हुए क्षमायाचना की मुद्रा में आचार्य से कहता है,-"आचार्य ! क्या मुझसे कोई भूल हो गई ?"

"क्यों ? तुमने यह कैसे जाना ?"

"एक ही रात में सम्बोधन चन्द्रगुप्त से सम्राट की ऊंचाई तक चढ़ गया ? एक पिता के सम्मुख पुत्र इतना बढ़ गया कि पिता अपने पुत्र को ही पुत्र संबोधित नहीं कर पा रहे हैं ।"

हल्के से मुस्कुराते हुए चाणक्य ने कहा--"ऐसा नही है वत्स ! मैं तो कल के लिये अपने आप को तैयार कर रहा था क्योंकि तुम आर्यावर्त के सम्राट होने जा रहे हो और नीति यह कहती है कि सम्राट पहले सम्राट होता है बाद में शिष्य, पुत्र अथवा पति ।"

"मैं तो भूल ही गया आचार्य ! पर्वतेश्वर भी आए हैं ।"

"अरे भई ! तो उनको बुलाओ !"

और शायद पर्वतेश्वर के कानों तक यह आवाज पहुंच गई थी, वह स्वयं ही आचार्य के सम्मुख आ गए ।

"आइए पर्वतेश्वर !"

"मैं आपके सम्मुख सेवा के लिए प्रस्तुत हूं आचार्य चाणक्य !"

"तो तुम्हें अपनी प्रतिज्ञा याद है ?"

"जो व्यक्ति अपनी शत्रुता को याद रख सकता है, वह अपनी प्रतिज्ञा भी नहीं भूलता आचार्य !"

"तो फिर तुम्हें मेरे साथ चलना होगा । सिंहरण मालव गणराज्य का एक नागरिक है । मुझमें जितनी शक्ति है, उतना प्रयत्न मैं कर सकता हूं ।"

"मालव कृतघ्न नहीं होते आचार्य !" अचानक सिंहरण ने आचार्य के सम्मुख आते हुए अपनी बात पूरी की । "मेरे प्राण भी चन्द्रगुप्त के लिये, मगध के लिये अर्पित हैं ।"

"सिंहरण ! मैं भी तुमसे पीछे नहीं हूं । अपने अंहकार की चपेट में आकर सम्राट सिकन्दर से युद्ध में तिरस्कृत होकर जो दंश मैंने झेला है, अब मैं उससे उबर गया हूं ।"

"मुझे तुम्हारा विश्वास है पुरु !" आचार्य चाणक्य ने कहा ।

"इस शरीर में या धन में मेरी कोई आसक्ति या आस्था नही रह गई । मेरा सारा कोष आपकी सेवा में उपस्थित है ।"

"मैं भी आपसे अनुग्रहित हुआ आर्य पर्वतेश्वर !" चन्द्रगुप्त ने कहा," मित्रता को कृतज्ञता का भाव देकर मैं छोटा नहीं करना चाहता । चन्द्रगुप्त आपका सदैव साथी रहेगा ।"

"लेकिन वत्स चन्द्रगुप्त ! अभी जो मगध से समाचार मिला है वह बड़ा भयानक है ।"

"आप क्या कह रहे हैं ? और फिर भी मुझे मगध जाने से अभी आप रोक रहे हैं ।"

"यह प्रश्न समय पर करना वत्स ! पहले इस पत्र को पढ़ो ।"

पत्र पढ़कर चन्द्रगुप्त के सामने सारा दृश्य स्पष्ट हो जाता है ।

"इसका अभिप्राय यह हुआ कि फिलिप का मन अभी शान्त नहीं हुआ, वह युद्ध करना चाहता है । ठीक है, आप निश्चिन्त रहें आचार्य ! आपका यह शिष्य आपके आदेश का पालन करने के लिए और फिलिप को उसकी वास्तविक स्थिति समझाने के लिए अभी मगध नहीं जाएगा क्योंकि उत्तरापथ के आकाश से दासता की सम्भावना के काले बादल अभी फिलिप के रूप में शेष हैं ।"

और चाणक्य मुस्कराते हुए कहते हैं–"और तुम उसके लिए उपयुक्त सूर्य के समान समर्थ हो और सुनो पुरु ! यवनों से तुम्हारा संघर्ष फिर हो यह मैं नहीं चाहता

क्योंकि यहां रहने से संदेह तुम पर ही होगा, इसलिए तुम मगध चलो । और वत्स सिंहरण ! तुम्हें ही यह यवन विद्रोह शान्त करना होगा ।"

मगध में नन्द की रंगशाला का अब भी वही रूप था । उत्तरापथ में युद्ध की विभीषिका का जो रक्तरंजित दृश्य सिकन्दर के आक्रमण से उपस्थित हो गया था, मगध में उसका लेशमात्र भी प्रभाव दिखाई नही पड़ रहा था ।

नन्द तो अभी भी दो घड़ी चैन से बैठने का अवकाश पाना चाहता था और इसलिए वह सुवासिनी को ढूंढ़ता हुआ उसके कक्ष तक पहुंच गया ।

"आइए देव !"

"सुवासिनी ! इस समय तो मैं तुम्हारी छाया में दो क्षण का आराम करने आया हूं ।"

"कहिए, क्या आज्ञा है ? क्या अभिनय देखने की इच्छा है ?"

"नही सुवासिनी ! अभिनय नही । तुम्हारे आंचल के तले मैं दो घड़ी का सौन्द्रर्य मिश्रित सुख प्राप्त करने आया हूं । अभिनय तो नित्य देखता हूं । चारों तरफ छल और विद्रोह देखते देखते ये आंखें जलने लगी हैं ! मेरा अपना ही सेनापति मौर्य, जिसपर मुझे विश्वास था, अपने विद्रोही पुत्र को मेरे बंदीग्रह में रहकर सहायता पहुंचा रहा था, आज मैंने उसे ऐसे अन्धकूप की सजा दी है कि वह कभी सूर्य के दर्शन ही न कर सके । पर मेरा मन इस निर्णय के बाद किसी अदृश्य भय से कांप उठा है ।"

सुवासिनी पल भर को सोचने लगी, "यह कम्पन तुम्हारे अंत का संकेत है, दुष्ट अधिपति !"

"क्यों, तुम मौन क्यों हो गई ?"

"आपके हृदय के कम्पन पर सोच रही थी कि किस तरह उसको सान्त्वना दी जाए !"

"मैं नही जानता सुवासिनी ! कि मैंने न्याय किया है या अन्याय पर एक सन्देह अवश्य पैदा हो गया है,मैं किस पर विश्वास करूं ?"

"अपने परिवार के लोगों पर तो आप विश्वास कर ही सकते हैं । और आप चाहें तो मेरी निष्ठा पर विश्वास कर सकते हैं ।

"अमात्य राक्षस भी तो नहीं आया सुवासिनी ?"

"तो फिर आसव लाऊं महाराज ।"

सुरा पात्र नन्द के हाथों में थमाते हुए उसने वीणा पर बैठकर एक गीत की झंकार छेड़ दी और एक सेविका से कह दिया, "महाराज को

प्याला भर कर देती रहो ।''

अभी गीत की कड़ी समाप्त भी नही हुई थी कि नन्द ने वीणा पर हाथ रखते हुए कहा, ''मैं इस स्वर्ग से कितनी दूर था सुवासिनी ! तुम्हारे नाम का ही अर्थ यदि मैं ग्रहण करता तो परम आनंद मिश्रित गंध का अनुभव कर लेता ! तुम इतनी सुन्दर क्यों हो सुवासिनी !''

''महाराज ! मैं आपके राज्य में एक वेतन प्राप्त अभिनय करने वाली अभिनेत्री हूं ।''

''कौन कहता है तुम वेतन प्राप्त करने वाली अभिनेत्री हो ? तुम मेरी प्राणेश्वरी हो ।''

''मैं तो दासी हूं महाराज !''

''इतनी मादक गंध की स्वामिनी, सुवासिनी ! तुम स्वंय को दासी कह रही हो । तुम मगध की साम्राज्ञी हो । तुमने मुझे रूप का यह जो छलकता हुआ प्रलोभन दिया है, नन्द इसे नहीं भूल सकता ।'' और नन्द उत्तेजना में उसका हाथ पकड़ लेता है ।

सुवासिनी नन्द के इस रूप को देखकर घबरा जाती है । और भयभीत हो कर कहती है,-''महाराज ! मैं तो आपके अमात्य राक्षस की धरोहर हूं ।''

और अपने मद में लड़खड़ाता हुआ विलासी नन्द कामातुर होकर अबला सुवासिनी पर झपटता है तो उसका हाथ उसके वक्ष पर नहीं बीच में राक्षस की उंगलियों से अटक कर रह जाता है ।

अचानक राक्षस को सामने देख कर नन्द चीख उठता है, ''तुम ! मेरे विद्रोही ! मेरे प्रेमपुष्प को अपने गले में सजाने वाले दुष्ट, मैंने तुम्हें इसलिए अमात्य बनाया था कि तुम मेरे प्रतिद्वन्द्वी बनोगे !''

''हां सम्राट ! एक अबला पर होने वाले अत्याचार से पहले मैं यहां पहुंच गया हूं ।''

नन्द ने वातावरण को पहचानते हुए अचानक अपने तेवर बदलते हुए कहा,-''वास्तव में मुझे नहीं मालूम था राक्षस ! सुवासिनी तुम्हें प्रेम करती है । मैं अपने इस कर्म पर लज्जित हूं ।''

''सम्राट ! आपने मेरे प्यार की प्रतिष्ठा की, मुझे इसके लिये प्रसन्नता है ।''

और राक्षस सुवासिनी को लेकर अपने कक्ष में चला गया और नन्द अपना सा मुंह लेकर रंगमहल में चला गया ।

इधर चाणक्य ने पर्वतेश्वर आदि के साथ कुसुमपुर के एक भाग में आकर

अपना डेरा डाल दिया ।

तभी जो सूचना मालविका को मिलती है उसे वह आचार्य चाणक्य के सामने रखते हुए कहती है-

"आचार्य ! सेनापति मौर्य कारागार में हैं, महात्मा शकटार का कुछ पता नहीं है, ब्राह्मण वररुचि को महाराज नन्द ने आपका पक्ष लेने के दोष में अपदस्थ कर दिया है और तमाम नगर के नागरिक नन्द की उच्छृंखल कामी प्रवृति से त्रस्त हैं और यह तो अच्छा हुआ कि अमात्य राक्षस समय पर पहुंच गये अन्यथा दुष्ट नन्द बेचारी सुवासिनी का शील भंग कर देता ।"

अपनी मुट्ठियां भींचते हुए चाणक्य ने दांत किटकिटाते हुए कहा,-"सुवासिनी और राक्षस का समाचार दो मालविका ।"

"अभी तो वे दोनों स्वतन्त्र हैं आचार्य !"

"ठीक है, अब समय हो गया है मालविका । तुम नर्तकी तो बन सकती हो ।"

"हां आचार्य ! मैं नृत्य जानती हूं ।"

"तब तो बहुत अच्छी बात है । यह लो मुद्रिका और पत्र और एक बात तुम्हें करनी है कि नन्द की रंगशाला में जाकर यह पत्र और मुद्रिका राक्षस का विवाह होने से पूर्व नन्द के हाथ में दे देना । और उनसे कहना कि अमात्य राक्षस ने यह मुद्रिका और पत्र सुवासिनी को देने के लिये कहा है और क्योंकि मेरी भेंट अमात्य राक्षस से नहीं हो सकी इसलिये उन्हें लौटाने आई हूं ।"

"यह तो असत्य कथन है आचार्य ।"

"तुम सत्यता और असत्यता का दोष मुझ पर छोड़ दो । मैंने सिंहरण को लिख दिया था कि मैं चन्द्रगुप्त को शीघ्र यहां भेज दूंगा और यवनो के सिर उठाने पर तुम उन्हें शान्त करना । अब मैं चाहता हूं कि सब सैनिक वणिकों के रूप में धीरे धीरे कुसुमपुर में एकत्र हो जाएं और राक्षस के विवाह के दिन विद्रोह का बिगुल बजा दिया जाए । उसी दिन चन्द्रगुप्त सम्राट बनेगा ।"

"लेकिन आचार्य ! पहले फिलिप से युद्ध करने के बाद चन्द्रगुप्त को लौट तो आने दीजिए ।"

"चन्द्रगुप्त समय पर आ जाएगा मालविका ! तुम अपने कार्य पर तैयार रहो । वही होगा जिसे चाणक्य ने सोच विचार कर निश्चित कर लिया है ।"

चाणक्य से यह आदेश पाकर मालविका अपने लक्ष्य की तैयारी में जुट गई । लेकिन तभी आचार्य के पास अलका आ गई और बोली-

"महाराज ! मेरे विचार में नन्द की पराजय का एक उपाय आया है ।"

"देखो अलका ! मैं अपना कार्य अपनी बुद्धि से सोचकर करता हूं । तुम केवल इस समय किसी और झंझट में बिना फंसे केवल मालविका की रक्षा करो और मुझे स्वयं निर्णय करने दो कि मुझे क्या करना है ।

और यह कहते हुए आचार्य चाणक्य रात्रि के इस वातावरण में कुसुमपुर की छटा देखने निकल पड़े ।

वही वटवृक्ष, वही उजड़ी हुई झोंपड़ियां और इनके बीच जगमगाते प्रकाश में अपनी ऊंचाई का अभिमान दर्शाती हाल ही में विकसित बड़ी-बड़ी अट्टालिकाएं । क्या रूप है प्रकृति का ?- पल में कुछ, पल में कुछ । कौन कह सकता है, यह वही कुसुमपुर है जहां कभी एक ब्राह्मण अपनी जीविका के लिये महाराज नन्द के समक्ष निवेदन करने गया था । इसी कुसुमपुर में पैदा हुए थे शकटार, जो महामात्य बने और यहीं जन्मे थे सेनापति मौर्य, जिन्हें अंधकूप का दंड भोगना पड़ा और ब्राह्मण चणी, मेरे अभागे पिता, आज तक उनका पता नही चल पाया, क्या गुजरी उनके साथ ?

आज मैं कितना अकेला हो गया हूं ! क्योंकि एक ही उमंग थी कभी बालपन में-सुवासिनी ।

अन्धकार में चलते चलते चाणक्य बहुत दूर निकल आये थे तभी उन्हों ने देखा, पृथ्वी का एक भूखंड धीरे-धीरे उभर रहा है मानो कोई धरती फाड़ कर उससे बाहर आना चाहता हो । पेड़ की ओट में खड़े चाणक्य ने देखा कि उसमें से धूलि-धूसरित दाड़ी और बाल बढ़े हुए एक अशक्त पुरुष बाहर आता है ।

"अरे ! यहां भी अंधेरा ? कितनी आशाएं लेकर मैंने उस कालकोठरी का भेदन किया और यह अंधकार यहां भी मेरा पीछा नहीं छोड़ता !"

"इसका अभिप्राय यह है" अपने हाथ-पैर और चेहरे पर हाथ फिराते हुए उस पुरूष ने कहा--"मैं अभी मरा नहीं हूं, जीवित हूं । अब तो यह भी याद नही कि कब से सूर्य नही देखा, लेकिन कितना कठोर हूं मैं, वज्र भी इतना कठोर नही होगा । और वह अपनी ही तरंग में भयानक अट्टाहस करता है । चाणक्य उसके अट्टाहस को सुनकर एक क्षण को घबरा जाते हैं । तभी ऐसा लगता है मानो वह कुछ फुसफुसा रहा है, "कितना उदार है यह अंधकार, मेरे सात लड़के बिलख बिलख कर भूख से मर गए और मैं उनके तड़पते चेहरों को, उनके चेहरे की यन्त्रणा को केवल सुन-भर सका, घने अन्धकार में देख नहीं सका । अन्धकार की यह मुझ पर कृपा ही तो रही और वाह रे भाग्य ! मैं अभी तक जीवित हूं ।"

और फिर लगभग चीखते हुए वह कहने लगता है,"अरे ओ अन्धकार, अब

तो मेरा पीछा छोड़ दे, अब तो मुझे देख लेने दे सूरज को वरना मेरा दम घुट जाएगा ।''

और थका हुआ वह व्यक्ति बेसुध होकर धरती पर गिर पड़ता है और चाणक्य तुरन्त दौड़कर एक कपड़े को जल में भिगोकर उसके मुंह पर जल की बूंदें डालते हुए चेतना में लाने का प्रयास करता है ।

''तुम कोई दुखी व्यक्ति हो । उठो, मैं तुम्हारी सहायता के लिए तैयार हूं ।''

और वह अट्टहास करते हुए, पता नहीं उसमें यह ताकत कहां से आ गई, कहने लगा, ''इस युग में कोई किसी की सहायता करेगा ! जरूर तुम अन्धेरे में झूठ बोल रहे हो, सूरज की रोशनी में तुम्हारे भी इरादे बदल जाएंगे, यहां तो मनुष्य जोंक की तरह रक्त चूसने का अभ्यासी है । ऐसा कौन है जो बिना स्वार्थ के किसी की सहायता करेगा । तुम मुझे कमजोर समझकर बहकाना चाहते हो । तुम भी भेड़िये हो । तुमने आदमी का मांस नहीं खाया होगा ना इसीलिए जमीन पर मुझे देखते ही मुझे अपना शिकार बनाने चले आए लेकिन याद रखो, मेरे शरीर में बहुत रक्त है, नन्द भी मुझे मार नहीं पाया ।''

''अभागे मनुष्य ! तुम बहुत दिन तक यातना सहने के बाद अविश्वासी हो गए हो लेकिन यह क्यों भूलते हो कि तुम तो अन्धेरे में रहकर दुखी हुए, यातनाएं सहीं लेकिन जो प्रकाश में रहकर भी अन्धेरा सहने के लिए अभिशप्त हैं, उनके बारे में कभी सोचा है ?''

''दुख ! तुम दुख की बात करते हो ! अरे सात-सात पुत्रों को भूख से तड़पते, मरते देखा है मैने और मैं इन हाथों के होते हुए उन्हें नहीं बचा पाया । मैं बच गया, मैं अपने जीवन का क्या करूं ?''

''तो तुम इस जीवन से निराश हो गए हो ?''

''नहीं, मैं अभी बचा हुआ हूं । मुझे अभी प्रतिशोध लेना है उस नरपिशाच से । उसकी अंतड़ियों को खींचकर एक बार रक्त का फव्वारा छोड़ना चाहता हूं ।''

''तो तुम प्रतिशोध लेना चाहते हो ? घबराओ नहीं, हम लोग एक ही राह के पथिक हैं ।'' फिर कुछ रूककर चाणक्य ने कहा--''क्या अब इस संसार में तुम्हारा कोई भी जीवित नहीं ?''

''बची थी एक कन्या, अपनी मां की इकलौती यादगार । पता नहीं अब कहां होगी, मेरी सुवासिनी !''

''क्या कहा ? सुवासिनी !''

''हां, सुवासिनी !''

"तो तुम शकटार हो ?"

और वह व्यक्ति झुंझलाकर अपने नाखूनों को चाणक्य की गर्दन पर बढ़ाते हुए आक्रमण की मुद्रा में आ गया। "जान से मार दूंगा तुमको अगर यह नाम फिर तुम्हारी जीभ पर आया तो। पहले मुझे नन्द से अपना प्रतिशोध ले लेने दो फिर चाहे सारे मगध में ढिंढोरा पीट देना।"

किसी तरह चाणक्य ने अपने-आपको शकटार की जकड़ से छुड़ाते हुए कहा,-"वह अब नन्द की रंगशला में है। और मुझे पहचानते हो ?"

अंधेरे में भी शकटार आंखें गड़ाकर देखने का प्रयास करता है लेकिन आंखों में पड़े जाले के कारण पहचान नही पाता है।

"तुम्हारा पड़ोसी, ब्राह्मण चणी का पुत्र विष्णुगुप्त ! जिसकी ब्रह्मवृति तुम्हारा साथी हाने के कारण छीन ली गई और उसने तुम्हारा पक्ष लेकर नन्द को नगर भर में विरोध के रूप में चुनौती दी तो उसे भी राज्य निकाला दे दिया गया। मैं उसी चणी का पुत्र चाणक्य हूं--राज्यसभा में जिसकी शिखा पकड़ कर खींची गई। जिसे बन्दी बनाने के लिये नन्द ने पूरा प्रयास किया लेकिन मैं भाग्य से बच गया। मेरा विश्वास करोगे ?"

शकटार तो पहले ही हार चुका था लेकिन चाणक्य को सम्मुख पाकर उसे लगा मानो एक बार फिर कोई उसका आत्मीय उसे मिल गया। वह कहने लगा, "करूंगा, करूंगा, जैसा तुम कहोगे। मुझे केवल प्रतिशोध लेना है।"

"तो सुनो, मेरी बात ध्यान से सुनो। मेरे साथ मेरी झोंपड़ी में चलो और इस सुरंग को घास-फूस से ढक दो।"

शकटार सुरंग को ढककर चाणक्य के पीछे-पीछे चल पड़ता है। वह अन्धेरे में रहने का अभ्यासी हो गया था, इसीलिए उसे कोई परेशानी नहीं हुई।

और चाणक्य के साथ चलते हुए शकटार को एक बार फिर अपने पुराने दिनों की याद आ गई। पहले कई बार चाणक्य, बालक विष्णुगुप्त के रूप में शकटार के साथ राजभवन में गया है। आज शकटार स्वयं चाणक्य के पीछे-पीछे चल रहा था। उसे लग रहा था शायद यह अन्धकार, जो मगध के भाग्याकाश पर छा रहा है, छंटेगा। शकटार को नई सुबह की सम्भावनाएं खुलती दिखाई पड़ रही थीं।

और नन्द अपने सैन्यबल के होते हुए भी, राजभवन में सुरक्षा के कड़े पहरे के बावजूद अपने चारों ओर भय का शिकंजा कसता हुआ अनुभव कर रहा था।

मगध के लिए यह सुबह शंकाओं की सुबह के रूप में उदित हुई। नन्द इस

समय चिन्ता और व्यग्रता में राक्षस की प्रतीक्षा कर रहे थे ।

दूसरी ओर कुसुमपुर में वणिकों, व्यापारियों के वेश में एक बड़ी सेना जमा हो गई थी । चन्द्रगुप्त भी आ गया था, द्वन्द्व युद्ध में फिलिप्स के मारे जाने को पंचनद में सभी ने प्रशंसा के रूप में लिया और चन्द्रगुप्त के जयकारों से सारा आकाश गूंज उठा था ।

सिंहरण को वहां की व्यवस्था के लिए छोड़कर चन्द्रगुप्त इधर आ गया था । उसे चाणक्य का यही आदेश था । धीरे-धीरे नागरिकों में विद्रोह जागने लगा । स्वयं महामात्य शकटार और सेनापति मौर्य को अपने सम्मुख जीवित पाकर नगरवासियों के मन में नन्द के प्रति घृणा पैदा होने लगी । सभी एक स्वर से न्याय मांगने के लिए नन्द की राजसभा में दो टूक फैसला करने के उद्देश्य से जमा होने लगे ।

कितना हृदयविदारक दृश्य था जब चुने हुए अश्वरोहियों को लेकर नन्द के अन्धकूप कारागृह से जाकर चाणक्य के गुप्तदूतों ने गुफा का द्वार खोला । मालविका, वररुचि, सेनापति मौर्य और पीछे-पीछे चन्द्रगुप्त की मां, सभी लोगों ने, विशेषकर सेनापति मौर्य ने लम्बे अन्धकार के बाद प्रकाश के दर्शन किये और खुली हवा में सांस ली ।

चन्द्रगुप्त को सम्बोधित करते हुए चाणक्य ने कहा–"अपने पिता के चरण छुओ वत्स !"

पिता के आंसू पोंछते हुए चन्द्रगुप्त ने कहा–"एक-एक पीड़ा और निष्ठुरता का प्रतिकार होगा । आप निश्चिन्त रहें ।"

"आवेश और कर्तव्य में अन्तर है वत्स ! सफलता का एक क्षण होता है । देखो, इधर नागरिक लोग राजभवन में जमा हो रहे हैं । यही अवसर है, तुम लोगों के भीतर जाने का और नागरिकों के साथ मगध का उद्धार करने का ।"

नागरिकों में आज चर्चा का यही विषय था, अपने निष्ठावान मंत्रियों और सेनापति को अकारण बन्दी बनाकर जो अहंकारी राजा राज्य करता है, उसे सिंहासन पर बैठने का कोई अधिकार नहीं ।

सभी नागरिक एक स्वर में कहने लगते हैं–"अब न्याय का ढोंग नहीं, न्याय होगा ।"

ये सभी लोग भवन की ओर बढ़ रहे थे और राजसभा में नन्द, राक्षस और सुवासिनी को बन्दी बनाए उनसे उलझा हुआ था ।

"देखो राक्षस ! यह पत्र सुवासिनी के लिए उसे कारागार से भागने का परामर्श

देते हुए तुम्हीं ने तो लिखा था और यह मुद्रिका तुम्हारी ही तो है । अब बोलो कृतघ्न ! तुम अपनी सफाई में क्या कहना चाहते हो ?''

''मैं अगर कुछ कहूं भी तो आप स्वीकार नहीं कर पाएंगे ।''

''तुम्हारे उत्तर से मैं सन्तुष्ट नहीं हूं राक्षस ! इसलिए तुम्हें भी उसी अन्ध-कूप में जाना होगा ।''

प्रतिहारी उसे और सुवासिनी को ज्यों ही अन्धकूप में ले जाने के लिए मुड़े तभी नागरिकों का एक रेला राजभवन में प्रविष्ट हो गया ।

नन्द ने उन्हें आता देख बौखलाते हुए कहा–''यह सब क्या है, कैसा शोर है, क्या चाहते हो तुम लोग ?''

कहा किसने, कुछ पता नहीं चला लेकिन जब नन्द ने अपने सम्मुख शकटार, वररुचि और सेनापति मौर्य को मालविका और चन्द्रगुप्त की मां के साथ अनेक नागरिकों के बीच देखा तो उसे यह विश्वास करने में कुछ देर नहीं हुई कि षड्यंत्र कितना गहरा उसके खिलाफ बढ़ चुका है ।

फिर भी उसने बन्दियों का उपहास करते हुए प्रतिहारी से कहा–''बन्दी बना लो इन सबको ।''

और नागरिकों ने इसका प्रतिरोध करते हुए प्रश्न किया–''हम सब बन्दी बनने के लिए तैयार हैं किन्तु न्याय हम लोगों के सामने किया जाए । हम अपराध सुनने आए हैं ।''

''तो क्या अब राजा को प्रजा के दबाव में चलना होगा ?''

''हां महाराज !''

''तो तुम सब विद्रोही हो ?''

''यह आप अपने हृदय से पूछें । न्याय की आड़ में महामंत्री शकटार के सात पुत्रों का वध, निरपराध सेनापति मौर्य को अन्धकूप का दंड ।''

''मैं कुछ सुनना नहीं चाहता । सैनिको इन सबको बंदी बना लो ।''

''ठहरो, बंदी बनाने के लिए तलवार की शक्ति का प्रदर्शन आवश्यक है । तुम्हारे पास जो सैन्य बल है और जिस पर तुम भरोसा करते हो, वह गिना-चुना महल में शेष है नन्द ! बाकी समस्त सेना समर्पण कर चुकी है मगध के लिए । हम तुम्हारी प्रजा हैं नन्द ! हमें पशु बनने का अवसर मत दो ।''

''ठीक है ।'' कुछ सोचकर नन्द ने अपने सम्मुख विपत्ति को आया जानकर यह घोषणा की–''अच्छा मौर्य ! हमने तुम सब लोगों को क्षमा किया और मौर्य, तुम फिर से हमारे सेनापति नियुक्त किये जाते हो ।''

"इससे कोई निराकरण नहीं होगा नन्द ! हमसे पूछो, जो अपराध तुमने किए हैं उनका न्याय कौन करेगा ? कौन देगा मुझे वापिस मेरे सात पुत्रों को ? तुम केवल घृणा के पात्र हो, अब तुम्हें स्वयं न्यायाधिकरण के सम्मुख प्रस्तुत होना होगा । तुम्हारा सिंहासन अब डोल गया है नन्द !"

शकटार के इस चुनौती-भरे कथन के साथ नन्द का इशारा पाकर उसके सैनिक इन सबको बंदी बनाने के लिए आगे बढ़ते हैं लेकिन चन्द्रगुप्त की सेना के सम्मुख नन्द पराजित हो जाता है । वह असहाय-सा गिर पड़ता है ।उसके माथे का मुकुट लुढ़क जाता है ।

चाणक्य गिरते हुए नन्द के मुकुट को उठाते हुए विजेता की मुद्रा में आगे बढ़कर नन्द को उसके बाल पकड़कर सिर के बल उठाते हुए खड़ा करके भारी नागरिकों की भीड़ में कहते हैं–"मेरे हाथ में यह जो मगध का मुकुट है, इसका उत्तराधिकारी तो मैं नियुक्त करूंगा ही लेकिन तुम्हारे ऊपर जो अभियोग हैं–तुमने महापद्म की हत्या की, शकटार को बंदी बनाया और उसके सातों पुत्रों को भूख से तड़पाकर मार डाला, उसकी पुत्री को अपनी वासना का शिकार बनाने के लिए प्रयत्नशील रहे, सेनापति मौर्य की हत्या करने का प्रयास करते हुए उसकी स्त्री और वररुचि को तुमने अकारण अपने अहम में कारागार का दंड भोगने को बाध्य किया । कितनी ही कुलीन स्त्रियों का शील भंग किया । दुष्ट, पापी ! तुमने नगर-भर में व्यभिचार का खुला तांडव किया है । यहां तक कि ब्राह्मणों और अनाथों के लिए राज्य की जिस वृत्ति का प्रावधान होता है, उसको भी बन्द कर दिया ।"

चाणक्य नन्द के अवगुणों का चिट्ठा प्रस्तुत कर रहे थे तभी नागरिकों ने बीच में रोककर कहा–"बस, बस आचार्य ! इस दुष्ट की पिशाच लीली सुनाने की अब कोई आवश्यकता नहीं । अब तो इसका दंड निर्धारित कीजिए ।"

अभी निश्चय के स्तर पर कुछ भी नहीं किया गया था केवल परामर्श चल रहा था कि तभी भीड़ में से शकटार ने नन्द की छाती में तेजी से एक पैनी धार वाला छुरा भोंक दिया । वह कह रहा था–

"मेरे सात-सात पुत्रों की हत्या करने वाले दुष्ट ! यदि मुझे सात जन्म तुझे ही मारने के लिए प्राप्त हों तो भी मैं तुझे क्षमा नहीं कर सकता ।"

और नन्द की आखिरी सांस के साथ मगध के इस आततायी शासक का युग समाप्त हो गया ।

चाणक्य के आदेश पर महामात्य राक्षस के बन्धन खोल दिए गए । नन्द पुत्री कल्याणी और शकटार पुत्री सुवासिनी को भी मुक्त कर दिया गया ।

अब मगध का सिंहासन खाली था और इसका निर्णय राष्ट्रीय परिषद कर सकती थी, इसलिए नागरिकों ने चाणक्य, चन्द्रगुप्त, शकटार, राक्षस, सेनापति मौर्य और वररुचि की सम्मिलित घोषणा करते हुए कहा–"यह परिषद राज्य-सिंहासन के लिए योग्य उत्तराधिकारी का चयन करेगी ।"

अब चाणक्य ने कहा–"उत्तरापथ के समान मगध में गणतंत्र स्थापित हो पाने की सम्भावना नहीं और मगध पर कभी भी कोई विपत्ति आ सकती है इसलिए यहां पर हर दृष्टि से एक सबल और सक्षम शासक की आवश्यकता है । इसके लिए आप उपयुक्त व्यक्ति का नाम सुझाएं ।"

सबने एकमत से चन्द्रगुप्त का नाम ही लया ।

चाणक्य का लक्ष्य अब उनके सामने था इसलिए उन्होंने बड़े स्नेह भाव से कहा–"आओ चन्द्रगुप्त ! आगे बढ़ो और अमात्य राक्षस, तुम सम्राट का अभिषेक करो ।"

नन्द की सेना के विद्रोह को कुचलने के लिए अभी कुछ देर पहले नन्द सहित जो लोग मारे गए उन्हें एक ओर कर दिया गया । और राक्षस धीरे-धीरे चन्द्रगुप्त का हाथ अपने हाथ में लेकर सिंहासन की ओर बढ़ने लगा ।

चन्द्रगुप्त के सिंहासन पर बैठते ही चारों ओर से सम्राट की जय-जयकार होने लगी ।

इस अवसर पर चाणक्य ने कहा–"आज जो यह राष्ट्र का नवीन जन्मदिवस है, इसमें तुमने स्वेच्छाचारी शासन का अन्त किया है इसलिए अब मंत्रिपरिषद की सम्मति से मगध और आर्यावर्त के कल्याण में लगना ही तुम्हारा नैतिक दायित्व है । और मेरा आशीर्वाद तुम्हारे साथ है ।"

यवनों का पुनः आक्रमण

मगध पर चन्द्रगुप्त की विजय का उत्सव मनाया जाए, मंत्रि परिषद के सामने यह विचार चल रहा था । अमात्य राक्षस ने अपनी सम्मिति प्रकट करते हुए कहा कि यह दिन मगध के उज्ज्वल भविष्य का पहला दिन है और जो विजय हम सबने सम्मिलित होकर पाई है, इसको हम सबको ही उत्सव के रूप में मनाना चाहिए । इसे ऐसे ही यों फीका क्यों जाने दिया जाए ?

राक्षस की बात सुनकर शकटार ने कहा–"विजय उत्सव मनाने का मन तो मेरा भी कर रहा है किन्तु महात्मा चाणक्य की सम्मिति इसके विपरीत है । वे चाहते

हैं कि यह अनावश्यक पाखण्ड है जिसमें प्रजा के धन का दुरुपयोग होगा ।

कात्यायन का भी यही विचार था कि कोई काम बिना आडम्बर के यदि हो जाए तो वही अच्छा होता है लेकिन चन्द्रगुप्त के पिता सेनापति मौर्य का मन था कि चन्द्रगुप्त ने जो विजय पाई है, उसे यदि हम उत्सव के रूप में नहीं मना पायेंगे तो इसका सीधा अर्थ यह हुआ कि हम एक दासता से छूटकर दूसरी दासता की जकड़ में फंस गए हैं ।

"और यह भी स्पष्ट होना चाहिए", चन्द्रगुप्त की मां ने कहा, "कि इस साम्राज्य का अधिपति कौन है ? चन्द्रगुप्त या आचार्य चाणक्य ?"

चाणक्य मौन थे, जो वह सोच रहे थे वह यहां परिषद में कह नहीं सकते थे और जो कह सकते थे वह उनके भाव से स्पष्ट नहीं हो पा रहा था । फिर भी उन्होंने आर्य राक्षस से कहा–"राक्षस ! तुम इस बारे में क्या सोचते हो ?"

"मैं इस बारे में क्या कह सकता हूं आचार्य ! मैं तो सबकी इच्छा के साथ हूं !"

"और मैं अपने अधिकार और दायत्वि को समझकर ही इस निष्कर्ष पर पहुंचा हूं कि उत्सव एक आडम्बर है और इस समय की स्थितियां किसी भी उत्सव की स्वीकृति नहीं देतीं ।" चाणक्य ने कहा ।

"यह अजीब बात है ।" चन्द्रगुप्त की मां ने आवेश में आकर कहा, जब नन्द राजा था तब हम उसके अनुकूल कार्य करने के लिए बाध्य थे, अब हमारा पुत्र राजा है तो हम आचार्य चाणक्य के निर्देशों पर चलने के लिए बाध्य हैं । इसका अर्थ यह हुआ कि मगध की स्वतंत्रता के बाद भी इच्छानुकूल आचरण करने के लिए हम स्वतंत्र नहीं हैं ।"

"गणराज्य वही होता है जिसमें राजा या उसके परिवार की व्यक्तिगत इच्छा का कोई महत्त्व नहीं होता,उसका केवल दायित्व होता है । और आपतो अच्छी तरह जानते हैं सेनापति मौर्य कि कोई भी राज्य इच्छाओं से नहीं, दायित्व के निर्वहण से चलता है ।"

आचार्य चाणक्य की समझ में बात नहीं आ पा रही थी कि ये लोग अति उत्साहित होकर अपने दायित्व को क्यों भूल रहें हैं ? क्या थोड़ी सी उपलब्धि पर ये लोग फूले नही समा पा रहे हैं ?

वह सोच रहे थे, तर्क से और मंत्री परिषद के सदस्यों में, सेनापति मौर्य और उनकी पत्नी, चन्द्रगुप्त की माता, आर्य राक्षस, सभी उत्सव न होने के कारण हतोत्साहित हुए मौन विरोध करते हुए मंत्री परिषद से बाहर चले गए ।

चाणक्य सोचने लगे-यह उल्टी हवा कैसे चलने लगी ? वे बैठे थे विचारमुद्रा में तभी उन्हें एक बहुत पुरानी चिरपरिचित पदचाप सुनाई दी और आचार्य पहचान गए, उन्होंने कहा, "सुवासिनी !"

"विष्णुगुप्त !"

इतने लंबे समय का अंतराल विष्णु को विष्णुगुप्त बना गया ।

"आप आचार्य हैं, राष्ट राज्य निर्माता ! मैंने परिषद कक्ष से अपने पिता को उदास निकलते हुए देखा । क्या आपने उनसे कोई अनुचित बात की है ?"

"सुवासिनी ! तुम्हारे पिता ने मुझे बचपन में उंगली पकड़कर चलना सिखाया है, मेरी झोली में इतना प्यार भरा है जिसके सहारे मैं इतना बड़ा सूखा रेगिस्तान पार कर आया और मुझे प्यास नहीं लगी । तुमने यह कैसे सोच लिया कि मैं पिता तुल्य शकटार का अपमान करूंगा ? उत्सव को न होने देने के लिये मैंने अपना दृढ़ निश्चय प्रस्तुत किया था क्योंकि मौर्य राज्य के मान या अपमान का दायित्व मुझ पर है ।"

"किन्तु राक्षस तो कह रहा था....।"

"तुमसे काका शकटार ने तो नहीं कहा ना ?"

"नहीं, किन्तु मैं एक समस्या में फंस गयी हूं ।"

"तुम मुझसे बाल्यकाल से परिचित हो सुवासिनी ! खेल-खेल में भी जब तुम रोते हुए हंस देती थीं तो मैं खुद अपनी हार स्वीकार करके तुम्हें प्रसन्न कर देता था । मेरे और तुम्हारे बीच हार-जीत के बीच अहम् का प्रश्न कभी नहीं आया था । फिर आज जिस हिचकचाहट में संशयग्रस्त हो रही हो ?"

"मेरी समझ में नहीं आता, मैं क्या करूं ।"

"समाधान चाहती हो तो समस्या रखो, अथवा स्वयं उस पर विचार करके जैसा आत्मा और मन कहें वैसा आचरण करो ।"

"विष्णुगुप्त !" और इससे आगे बिना कुछ कहे सुवासिनी अपनी सूनी-सूनी आंखें लिये हुए चली गई । वह सोच नहीं पा रही थी कि यह कौन-सा रूप था विष्णु का ।

तभी उन्हें यह समाचार मिलता है कि सेनापति मौर्य और उनकी पत्नी मगध छोड़कर चले गए ।

अपने हाथ की उंगलियों को फैलाए कुछ सोचते हुए फिर उंगलियों को कसकर मुट्ठी बनाए दृढ़ संकल्प करते हुए चाणक्य ने मन ही मन कहा, चलो अच्छा हुआ अब चन्द्रगुप्त भावुकता से मुक्त होकर राज्य करेगा । तभी मालविका ने आचार्य के कक्ष में प्रवेश करते हुए उनके मौन को तोड़कर पहले तो प्रणाम किया और फिर

कहा कि चन्द्रगुप्त अपनी विजय यात्रा को आपके आदेश पर अधूरा छोड़कर लौट रहा है । लेकिन आचार्य, मैं देख रही हूं कि मगध में विजय का कोई उल्लास नहीं ।

"मालविका ! पाटलीपुत्र के चारों तरफ इस समय षड्यंत्र पल रहे हैं, इस में थोड़ा भी प्रमाद बड़ा घातक हो सकता है इसलिये सावधानी आवश्यक है और मैं तुमपर यह दायित्व छोड़ रहा हूं कि चन्द्रगुप्त के प्राणों की रक्षा तुम्हें करनी होगी ।"

यह कह कर आचार्य अपने विश्राम कक्ष में चले गए और मालविका अपने कक्ष में ।

अपनी विजय यात्रा से लौट कर चन्द्रगुप्त को पहला समाचार यही मिला कि उसके माता-पिता अब मगध छोड़ कर चले गए हैं और कारण में सबका मौन इस बात का द्योतक था, शायद आचार्य चाणक्य की इच्छा इसमें प्रमुख हो ।

कितना बड़ा संघर्ष हुआ है, कितने वर्ष तक इस साधना में गर्क कर दिए और मिला क्या ? मेरी सत्ता क्या है ? मैं क्या हूं ? मेरे माता-पिता निर्वासित हो गए फिर एक बार । सामान्य नागरिक तो क्या परिवार के लोग भी उत्सव नहीं मना सके । यह तो साफ पराधीनता है । ऐसा कब तक चलेगा ?

और फिर आवेश में चन्द्रगुप्त ने गुहार की, "प्रतिहारी !"

"जी महाराज ! आज्ञा ?"

"जाओ आचार्य चाणक्य को बुला कर लाओ, हम मिलना चाहते हैं ।" और फिर मन ही मन मानो संकल्प करते हुए कह रहे हों, आखिर ज्ञात तो हो इस उपेक्षा का कारण क्या है ?

उद्विग्न चन्द्रगुप्त अपने कक्ष में टहल रहा था तभी उसे चाणक्य की खड़ाऊं की चट-चट आवाज आती है और वह सतर्क हो जाता है ।

खड़ाऊं की आवाज रुकते ही.....

"आचार्य प्रणाम !"

"तुम्हारा कल्याण हो वत्स ! यश-कीर्ति बढ़े किन्तु तुम्हारा प्रणाम आज कुछ बोझिल सा लगता है, क्या बात है ? कुशल तो है ?"

"मैं कुशल हूं आचार्य पर...."

"मैं समझ गया, तुम भी उत्सव न होने के कारण खिन्न हो रहे हो । पर तुम सम्राट हो चन्द्रगुप्त, भावुकता और दायित्व में फर्क करना तुम जानते हो ।"

"लेकिन मेरे माता-पिता....."

"क्यों, गए, यही न, अगर मैं कहूं वे स्वयं गए रुष्ट होकर । किसी की मंशा उन्हें भेजने की नहीं थी । मेरा मन बिल्कुल नहीं था ।"

''यदि वे लोग चाहते थे कि मेरी विजय को पर्व के रूप में उल्लास के साथ मनाया जाता तो....''

''तुम पूछते हो तो इतना ही कहूंगा, मर्यादा आड़े आ रही थी और इस समय कोई भी उत्सव प्रमाद का विस्तार ही करता ।''

''किन्तु वे तो मेरे माता-पिता थे, कितने वर्षों बाद उन्हें यह सुख मिला था कि उनका पुत्र विजय पाकर लौटा है ।''

''और जिनके पुत्र इस अग्नि में समाधि ले चुके हैं, जिनके पिता, परिजन, परिवारजन यातना की लम्बी यात्रा में बीच में ही साथ छोड़ गए, क्या यह विजय उनके लिए सुखकारी होती ?

''और फिर चन्द्रगुप्त, उन्हें आवश्यकता थी शान्ति की इसीलिये वे यहां से चले गए । इसमें इतना खिन्न होने का क्या प्रश्न है ?''

''आचार्य ! आप साम्राज्य से भी आगे मेरे परिवार का नियन्त्रण भी अपने हाथ में लेकर उसे संचालित करना चाहते हैं । यह अधिकार.....''

''तुम राजा की भाषा इतनी जल्दी सीख जाओगे वत्स ! मैंने सोचा भी न था । चन्द्रगुप्त ! मैं ब्राह्मण हूं, खुले आकाश में रमण करने वाला, बुद्धि-विलास में मन रमाने वाला, धर्म का अनुसरणकर्त्ता, प्रकृति में रमण करने वाला, सन्तोष का धारण करने वाला । सोचता हूं मैं अपने कर्म को छोड़ कर कहां आ गया ? जहां प्रेम की जगह घृणा, सादगी के स्थान पर कुचक्र, कुमन्त्रणा, संघर्ष है और इनके संचालन की अधिष्ठात्री कूटनीति है वहां, नहीं चाहिये मुझे यह अधिकार, ले लो चन्द्रगुप्त, लौटा लो इसे ।

''यह अब मेरा पुनर्जन्म होगा, मैं अपनी जगह वापिस लौटना चाहता हूं, जो मेरी वास्तविक जगह है । मैं जिस कल्पना की मरीचिका के पीछे दौड़ रहा था, तुमने अच्छा किया चन्द्रगुप्त, मुझे शीघ्र ही यह अनुभव करा दिया कि मेरा स्थान कहां है। मैं शान्ति जहां खोज रहा था वास्तव में वहां तो अशान्ति का साम्राज्य है । मैं जान गया हूं । तुम मुक्त हो चन्द्रगुप्त ! मेरे हर बंधन से मुक्त, स्वतन्त्र, स्वतन्त्र, स्वतन्त्र ।'' और यह कहते हुए, इससे पहले कि चन्द्रगुप्त कुछ और कहें, आचार्य चाणक्य उसी प्रकार अपनी खड़ाऊं की आवाज करते हुए लौट गए।

चन्द्रगुप्त सुन रहा था, पगचाप धीरे-धीरे मद्धिम होती रही,फिर लुप्त हो गई ।

चन्द्रगुप्त इतने बड़े महल में अकेला खड़ा था, अवाक ।

चन्द्रगुप्त के कहने पर चले गए आचार्य चाणक्य । चलते-चलते सिन्धु नदी

के तट पर एक कुटी बना ली ब्राह्मण ने । यही उसकी वास्तविक जगह थी । यहां मुक्त था वह हर छलना से । न कोई प्रपंच, न आडम्बर !

लेकिन मन तो बड़ा पापी होता है । जिस पौधे को उगाया उसकी हर शाख में पानी जा रहा है, भोजन पंहुच रहा है या नहीं, यह तो केवल माली ही सोचेगा । पेड़ अपनी सत्ता स्वयं रखता है पर माली का दायित्व तो उससे अलग होता है । अब चन्द्रगुप्त को यह कैसे समझाया जाए । वह तो समझता है मैंने सारा खेल केवल अपने लिए खेला है ।

अपनी कुटिया में शीतल पाटी पर अधलेटे आचार्य चाणक्य सोच रहे थे । और कात्यायन उनके पास ही बैठा था । उसका प्रश्न था, वह क्या करे । वह तो ब्राह्मण वृति का साधु व्यक्ति, अपने वार्तिक को पूरा करने में लगा था । राजकाज से उसका क्या काम ?

किन्तु यहां तो आचार्य चाणक्य के आदेश का पालन करना ही होगा, प्रश्न मगध का जो है ।

''तुम जितना शीघ्र हो सके मगध पहुंचो, कात्यायन ! और चन्द्रगुप्त को यवनों के आक्रमण का प्रतिकार करने के लिए शीघ्र वहां भेजो । लेकिन ध्यान रहे, उसे यह ज्ञात न हो कि मैं यहां हूं । समय आने पर मैं स्वयं वहां उपस्थित हो जाऊंगा । हां, एक बात और, यदि सुवासिनी को भेज दोगे तो काम सम्भवतया कुछ सरल हो जाएगा ।''

कात्यायन को कुछ शरारत सूझ गई । अच्छा तो आचार्य ! यहां आपका समय सही कट जाएगा । हां विष्णुगुप्त, वह तो तुम्हारी बालपन की सखी है । आखिर गार्हस्थ्य जीवन का भी सुख होता है ।''

''तुम मूर्ख हो कात्यायन ! अच्छा यह बताओ, क्या समाचार है ?''

और कात्यायन ने यवन शिविर का समसचार देते हुए कहा, ''विष्णुगुप्त ! तुम्हें इसी नाम से पुकारता हूं तो लगता है कि अपने मित्र से बात कर रहा हूं और चाणक्य कहता हूं तो लगता है कि एक गहरे कूटनीतिज्ञ के फंदे में फंस कर रह गया हूं । हां, तो मैं कह रहा था, सैल्यूकस की पुत्री, वह यवन बालिका, जाति से यवन अवश्य है, किन्तु विशुद्ध भारतीय संस्कारों से युक्त एक सुसंस्कृत युवति है । तुम एक प्रतिज्ञा करो, उसका अनिष्ट नहीं करोगे ।''

''तुम नहीं जानते विप्र ! किस तरह सिकन्दर को भारत से लौटने के लिए बाध्य किया गया था । अभी अधिक दिन नहीं हुए, तो फिर मूर्ख सैल्यूक्स को क्या सूझी–सियार शेर की मांद में फिर आ गया जान जोखिम में डालने को । तुम क्या

जानो, इसी सैल्यूकस ने कभी अपनी वीरता का परिचय देकर सेनापति चन्द्रगुप्त की जान बचाई थी । क्या विडम्बना है, अब दोनों आमने-सामने तलवारें लेकर खड़े होंगे प्रतिपक्षी की भूमिका में ।''

''यह तो वाकई आश्चर्य की बात है ।'' कात्यायन ने कहा ।

लेकिन होनी को कौन टाल सकता है कात्यायन ! जो मैंने निश्चित कर लिया है मन में, वह तो होकर ही रहेगा । वर्तमान भारत की नींव तो मैं अपने इस जीवन काल में सुदृढ़ करके ही जाऊंगा । और जो बिजली मेरे मन में कौंध रही है, वह एक सम्पूर्ण भारत की छवि की छटपटाहट के रूप में एक चिनगारी है कात्यायन !''

''मैं समझ रहा हूं विष्णुगुप्त !''

''अच्छा एक बात बताओ, तुमने यवन बाला का जिक्र किया तो क्या तुम चन्द्रगुप्त और उस यवन बाला के विवाह का पौरोहित्य कर्म करोगे ?''

''अरे, तुम भी क्या हो विष्णुगुप्त ! एकदम बात कहां से कहां ले गए !''

''तो क्या तुम इसमें कोई अमंगल देख रहे हो कात्यायन ?''

''नहीं तो......''

''तो फिर हिचक क्यों रहे हो ?''

''नहीं, मैं सोच रहा था तुम सम्पूर्ण कांटों-भरी झाड़ी-से लगते हो किन्तु केन्द्र में कहीं गुलाब के फूल भी खिलाते हो । तुम्हारा व्यक्तित्व बड़ा जटिल है । खैर, मैं चलता हूं ।''

और कात्यायन मगध के लिए प्रस्थान कर गया । आचार्य के मस्तिष्क में एक और सूत्र ने करवट बदली । आचार्य ने एक सेवक को तुरन्त भेजकर आम्भीक को बुलवा लिया । इस समय आम्भीक से मिलना बहुत आवश्यक था ।

कात्यायन के जाने के बाद आचार्य आम्भीक की बड़ी आतुरता से प्रतीक्षा कर रहे थे । तभी सेवक ने उन्हें सूचना दी कि आम्भीक शीघ्र ही स्वयं आचार्य से मिलने आ रहे हैं ।

यवनों के इस आक्रमण को असफल करने के लिए चाणक्य कोई भी गोट खाली नहीं गंवाना चाहते थे । इसीलिए आम्भीक की भीतरी शक्ति और पुरानी भूल के पश्चात्तापी भाव को समझते हुए उन्होंने जरूरी समझा कि आम्भीक को योजना में सम्मिलित किया जाए ।

अभी आचार्य सोच ही रहे थे कि उन्हें अपने सेवक के साथ आम्भीक के आने का आभास हुआ ।

''प्रणाम, आचार्य चाणक्य !''

"राजन्, प्रणाम स्वीकार करता हूं। तुम्हें मेरे जैसे व्यक्ति से मिलने में कोई संकोच तो नहीं हुआ ?"

"पुरानी भूल का स्मरण अब और मत कराइए आचार्य ! वह आम्भीक तो सिन्धु में स्नान करके क्षत्रिय हो गया है।"

"तो सुनो, आम्भीक ! चन्द्रगुप्त दक्षिण स्वर्ग गिरि से पंचनद तक, सौराष्ट्र से बंग तक एक महान् साम्राज्य का अधिपति हो गया है, केवल तुम्हीं इस आर्यावर्त के पूर्ण भाग से अलग हो। यवनों के इस द्वितीय आक्रमण में क्या तुम भारत के द्वार पर यवनों को चुनौती दे सकते हो ? या पहले की तरह......"

आचार्य के वाक्य को बीच में ही रोककर भावुक हुए आम्भीक ने कहा, "बस कीजिए आचार्य ! गलती दोहराई नहीं जाती है।"

"तो तुम सिन्धु तट पर यवनों को रोकोगे, झेलम पर चन्द्रगुप्त तैयार रहेगा।"

"लेकिन अकेला मैं यवनों को कैसे सिन्धु तट पर रोक पाऊंगा ?"

"तो फिर मगध सेना तक्षशिला दुर्ग पर पहले अधिकार करेगी।"

"मैं भी मगध साम्राज्य में सम्मिलित हो जाऊंगा, मैं मगध सेना के अधीन युद्ध करूंगा, आचार्य !"

"तो इसका सूत्र अलका के हाथ में होगा। और सिंहरण यहां के शासक होंगे।"

"मुझे सभी कुछ स्वीकार है, आचार्य ! इससे कम से कम मेरा पुराना कलंक तो धुल जाएगा।" यही तो चाहते थे, आचार्य ! अब निष्कण्टक रूप से यवनों को भारत की धरती पर पांव धरने से रोका ही नहीं जाएगा बल्कि छठी का दूध याद करा दिया जाएगा।

अभी चाणक्य और आम्भीक यह विचार-विमर्श कर ही रहे थे कि अपने उद्देश्य में सफल होकर अलका, तक्षशिला में जनचेतना का संचार करके सिंहरण के साथ आचार्य को अपनी प्रगति का समाचार देने आती है।

किन्तु कुटिया में आम्भीक को देखकर ठिठक जाती है।

"अरे, भाई तुम !"

"हां अलका, मैं ! तू मुझसे छोटी होकर भी बड़ी हो गई। तक्षशिला में अब आम्भीक की नहीं अलका और सिंहरण की आवश्यकता है।"

"तुम क्या कह रहे हो ?" आम्भीक से यह सुनकर अलका को आश्चर्य होता है।

"अलका, मेरी बहन, मुझे क्षमा कर दे, मैं देशद्रोही राज्य के योग्य

नहीं रहा ।''

''तुम अब भी गलत सोच रहे हो भाई । राज्य किसी की व्यक्तिगत धरोहर नहीं, सुशासन का होता है राज्य ! चन्द्रगुप्त स्वयं सेवक हैं । इसलिए तक्षशिला किसी एक की नहीं, आर्यावर्त का एक हिस्सा है । यह आर्यावर्त एक होवे, यही हमारा संकल्प है ।''

''मैं तुम्हारे संकल्प को पूरा करने के लिये अपना रक्त बहा दूंगा अलका, पर संकल्प पर आंच नही आने दूंगा ।''

सिंहरण, जो अभी तक बहन और भाई के संवाद में मौन श्रोता बना हुआ था, बोल उठा, ''मित्र आम्भीक ! मन छोटा मत करो । मनुष्य विचारशील होकर ही बड़ा बनता है....''

''अच्छा बहन ! अच्छा आचार्य और भाई सिंहरण, अब मुझे आज्ञा दो । मैं चलता हूं । तुम्हारे लिये मार्ग प्रशस्त करना है, अब यह राज्य तुम्हारे संकेत पर ही नीति नियमन करेगा ।''

आम्भीक के चले जाने के बाद आचार्य का आदेश लेकर अलका और सिंहरण भी चले जाते हैं ।

और धीरे-धीरे संन्ध्या की बेला होने लगती है । आचार्य अपने दैनिक कर्म में व्यस्त हो जाते हैं ।

ज्यों ही सुप्रभात की नई किरण फूटती है, प्राची से नया सन्देशा लाती है। आचार्य अपने सम्मुख सुवासिनी को देखकर हतप्रभ रह जाते हैं ।

''सुवासिनी तुम !''

''क्यों ? इतना आश्चर्य क्यों ? विष्णुगुप्त ! तुम्हीं ने कात्यायन के हाथों सन्देश भिजवाया था कि तुम्हें मेरी जरूरत है ! और पिता ने इसीलिये मुझे भेजा भी है । सम्राट को अभी यह ज्ञात नहीं है कि आप यहां हैं ।''

''मैं तो इसीलिये आई हूं कि जिस खेल का आरम्भ किया है उसका परिणाम तो सुफलदायी होना चाहिये ।''

''तो क्या तुम राक्षस के साथ परिचय करोगी ?''

''यह तुम कह रहे हो, निर्दय ! यह असम्भव है विष्णु !''

''लेकिन वह स्वप्न टूट गया सुवासिनी । अब तुम्हारे लिये मेरे द्वारा नियत किया दण्ड यही है कि तुम मेरे लिए, मगध के लिये राक्षस से विवाह करोगी । तुम्हें यवन शिविर में बंदी बन कर जाना होगा । और राक्षस तथा राजकुमारी से भेंट करनी होगी । राक्षस को देशभक्त बनाने के लिये तुम्हें यह आहूति देनी होगी सुवासिनी और

यह भी जानना होगा कि क्या कार्नेलिया चन्द्रगुप्त से विवाह करके खुश रह सकेगी ?''

''तुम क्या कह रहे हो, मेरी समझ में कुछ नहीं आ रहा ।'' और यह कहते हुए वह सिर पकड़ कर वहीं बैठ जाती है ।

चाणक्य उसे भुजा से उठाता है, अपने समीप लाता है और प्यार से उसके कपोल पर हाथ की थपकी देते हुए कहता है--''तुम्हारा प्रणय राक्षस के निमित्त ही बना है, तुम्हें खोकर ही वह उद्दण्ड हुआ है, तुम्हें पाकर फिर वापिस अपने स्थान पर आ जाएगा । और तुम भी राक्षस को पति रूप में पाकर प्रसन्न होओगी । अपने उच्च लक्ष्य के लिये मनुष्य ही त्याग करता है सुवासिनी ! यह त्याग मुझे ही नहीं तुम्हें भी करना होगा ।''

''तुम मगध के लिये इतना बड़ा त्याग करोगे, विष्णु ? अपने हाथों से बनाया हुआ नीड़ अपने प्रतिद्वन्द्वी को सौंप दोगे ? और वह भी मेरे लिये ।''

''मुझे शीघ्र ही मुनि दाण्डायन के आश्रम में पहुंचना है सुवासिनी ! मुझे चन्द्रगुप्त को संकट विहीन राज्य का अधिपति बना कर मंच से हट जाना है ।''

''ओफ ! हे महापुरुष ! एक बहन का अपने चरणों में प्रणाम स्वीकार करो ।''

दोनो इस वाक्य के साथ दो अलग-अलग दिशाओं में चले जाते हैं ।

चाणक्य आक्रमण की सफलता की व्यवस्था के लिए जुट जाते हैं । और सुवासिनी आक्रमण के परिणाम को सम्मानजनक मोड़ देने की जुगत भिड़ाने में जुट जाती है ।

सैल्यूकस की पुत्री कार्नेलिया पिछली बार जब सम्राट सिकन्दर के अभियान में हिन्दुस्तान आई थी तो विदाई के समय उसकी आंखें भारत की सुन्दरता के साथ–साथ सेनापति चन्द्रगुप्त के ऊपर भी टिक गई थीं । उसने जाते हुए कहा था,-''अच्छा तो मैं जाते हुए कृतज्ञता प्रकट करती हूं, किन्तु मुझे विश्वास है कि मैं एक बार फिर भारत आऊंगी ।''और जब चन्द्रगुप्त ने कहा था--''उस समय भी मुझे भूलने की चेष्टा करोगी ।''

''नहीं चन्द्रगुप्त '' कहकर वह विदा लेकर लौट गई थी अपने शिविर में । इसके पीछे क्या था ? वह फिर आ गई है भारत की भूमि पर । चन्द्रगुप्त से फिर भेंट होगी । यह सब क्या है ? क्या मेरा संयोग भारत भूमि पर लिखा है? यह वही भारत भूमि है । आज ग्रीक सैनिक एक बार फिर इस धरती पर, इस हरी भरी स्वप्नों-भरी धरती पर, रक्त बहाएंगे । फिर युद्ध होगा चन्द्रगुप्त से ।

वह सोच रही थी । अपने ही विचारों में खोई पता नही कब तक यूं ही विचारों में डूबी रहती कि राक्षस ने आकर उसे स्वप्न की दुनिया से जगा दिया । "मैं आ गया देवी ! क्या आज्ञा है ?"

"राक्षस ! तुम तो ब्राह्मण हो ? और सुना है तुम्हारे देश में ब्राह्मण त्यागी और तपस्वी होते हैं फिर तुम किस स्वार्थ के लिये अपने देश के विपक्ष में खड़े हो गए ?-"

"मुझे प्रतिकार चाहिये, राजकुमारी ! मैं कृतघ्न नहीं हूं ।"

"कृतज्ञ भी नहीं हो । दुष्ट नन्द का नाश करके भी आर्य चन्द्रगुप्त ने तुम्हें प्राणदान देकर भी सम्मान दिया और तुमने उन्हीं से विरोध करके उन्हीं को पराजित करने वाले विदेशियों की चाकरी स्वीकार की । ऐसी कौन सी लाचारी थी या यह क्षुद्रता है ?"

राक्षस शर्मिन्दा होकर लौट जाता है लेकिन तभी कार्नेलिया अपने कन्धे पर एक वत्सल हाथ का स्पर्श अनुभव करती है,-"पिताजी !"

"चलो तुम भी सिन्धु तट के शिविर में रहना । वहीं से युद्ध देखना ।"

"मैं चलूंगी ।"

"देखो हमारी विजय होगी । चन्द्रगुप्त अकेला पड़ गया है। आम्भीक तटस्थ रहेगा, और चन्द्रगुप्त का महामन्त्री चाणक्य उसे छोड़ कर कहीं चला गया है.। पंचनद से उसे कोई सहायता नहीं मिलेगी । अब हमारा साम्राज्य सिकन्दर से भी बड़ा होगा बेटी ।"

"हां पिताजी !"

"तेरे स्वर में प्रसन्नता नहीं है, तू दार्शनिक होती जा रही है, मैं कहता हूं तू पढ़ना छोड़ दे ।"

"वही किया है, राक्षस को मना कर दें, मैं अब और नहीं पढूंगी ।"

"ठीक है, अब प्रस्थान के समय तुझे तैयार रहना है।" और फिर सैल्यूकस की समस्त यवन सेना धीरे-धीरे सिन्धु के तट पर स्कन्धावार में एकत्रित हो गई । चारों ओर उनकी ध्वजा लहराती फहराती दिखलाई पड़ रही थी । कार्नेलिया का मन यहां भी उदास था । तभी उसे ज्ञात होता है, एक स्त्री बन्दी के रूप में आई है ।

यह सुवासिनी थी ।

"तुम यहां किसलिये ? और बन्दी क्यों बना ली गई ?

"मैं आर्य राक्षस को ढूंढने यहां तक आई थी किन्तु दैव योग से बन्दी बना ली गई ।"

“तुम्हारा नाम क्या है ?”

“सुवासिनी !”

“क्या तुमने उससे विवाह कर लिया है ? फिर तो तुम निश्चय ही अभागिनी हो ।”

“ऐसा क्यों कह रही हैं राजकुमारी ? अभी तो विवाह नहीं हुआ किन्तु होने वाला है । क्या आप उनके बारे में जानती हैं ?”

“अच्छा, बैठो, चलो, मैं तुम्हें मुक्त करती हूं, तुम यहीं मेरी सखी बन कर रहो । लेकिन एक प्रतिज्ञा करनी होगी कि मेरी अनुमति बिना विवाह नही करोगी ।

“मुझे स्वीकार है राजकुमारी ।”

दोनों सखियों की परस्पर बातचीत में रूकावट तब आती है जब सैल्यूकस अपनी बेटी का समाचार लेने आता है । यहीं उसे ज्ञात होता है कि कार्नेलिया ने इस बन्दी स्त्री को अपनी सखी बना लिया है ।

“चलो, अच्छा हुआ, बेटी ! तुमने इसे अपने पास रख लिया । तुम्हारा मन भी लग जाएगा । मुझे तो आक्रमण करना है । तुम सावधान रहना ।”

“अब किस पर आक्रमण पिताजी ?”

“चन्द्रगुप्त से युद्ध होगा बेटी !”

“वही, जो भारत का सम्राट है ?”

“हां ।”

“लेकिन पिताजी ! आपने उसे मौत के मुंह से बचाया था और उसने आपके प्राणों की रक्षा की थी । उसी ने मेरे सम्मान की रक्षा भी की थी फिलिप से ।”

“मैने इसीलिये उसके पास संदेश भी भिजवाया था किन्तु वह तो युद्ध के लिये ही तैयार है । लेकिन तू घबराती क्यों है ? मैं अपनी कन्या का सम्मान करने वाले से लड़कर भी उसको मारूंगा नहीं ।

“इसी चन्द्रगुप्त ने द्वन्द्वयुद्ध में फिलिप को मारा था, कुछ भी हो, मैं युद्ध में विजय प्राप्त करके यहां का शासक चन्द्रगुप्त को नियुक्त कर दूंगा ।” और यह कहते हुए और अपनी बेटी की सुरक्षा के प्रबन्ध को व्यवस्थित करके सैल्यूकस लौट गया ।

युद्ध तो होना ही था, उसे कौन टाल सकता था लेकिन आचार्य चाणक्य युद्ध से दूर बैठे हुए भी उस पर नजर रखे हुए थे । उनके सेवक उन्हें पल-प्रतिपल के समाचार से अवगत करा रहे थे ।

सिंहरण को समझाते हुए आचार्य ने कहा–“जिस समय यवनों की सेना पूरी

तरह से युद्ध में जुट जाए तभी आम्भीक अपना आक्रमण कर दे । तुम चन्द्रगुप्त के स्थान पर युद्ध करना । दुर्ग की सेना पुल की रक्षा करेगी और चन्द्रगुप्त यवन स्कन्धावार पर आक्रमण करने सिन्धु के पार जाएगा । इसी योजना से चलना होगा ।''

अब चाणक्य सिन्धु की लहरों को गिनते हुए एकान्त तट पर बैठे युद्ध के परिणाम की प्रतीक्षा में हैं जबकि दूसरी ओर यवनों और चन्द्रगुप्त की सेना में घमासान युद्ध प्रारम्भ हो चुका है । और एक ओर से आम्भीक का आक्रमण, दूसरी ओर से चन्द्रगुप्त का और यह देखकर सैल्यूकस स्वयं को बीच में फंसा हुआ अनुभव करता है–वह घायल होकर गिर पड़ता है ।

उसके मुंह से यही निकलता है–''आम्भीक ! तुमने धोखा दिया ।''

''नहीं सैल्यूकस ! पुराने कलंक को धोने का प्रयास किया है लेकिन......'' तभी एक भाले से आम्भीक बुरी तरह घायल होकर मूंर्छित हो जाता है । धरती पर उसका अचेत शरीर गिरता है । नहीं रहा आम्भीक लेकिन मरते हुए वह अपनी प्रतिज्ञा पूरी कर गया । चाणक्य को जब यह समाचार मिलता है, तो उसे सन्तोष होता है–''चलो, आम्भीक ने जो कहा कर दिखाया ।''

अब तो यवन सेना में भगदड़ मच जाती है । उसी समय मौके पर सिंहरण ने आकर सेना की कमान सम्भाल ली ।

''तुमने अच्छे समय पर आकर मुझे बल दिया सिंहरण ।'' चन्द्रगुप्त ने उसके आने से राहत अनुभव की ।

''प्राण देने का कोई भी अवसर मालव नहीं गंवाते सम्राट ! आचार्य का आदेश है कि आप सिन्धु पर, स्कन्धावार पर आक्रमण करें, यहां मालव और तक्षशिला की सेना आपका स्वागत करेगी ।''

''तो यहां भी आचार्य ने मेरा ध्यान रखा । मैं उनका आभारी हूं सिंहरण ।''

और चन्द्रगुप्त आचार्य के आदेशानुसार आक्रमण के लिए चल दिया ।

❑ ❑

बाहर शोर सुनकर राक्षस को भय लगने लगा । यह पराजय तो मुझे कहीं का भी नहीं छोड़ेगी । निश्चय ही बन्दीगृह में मुझे शेष जीवन बिताना होगा । जो व्यक्ति समय रहते सचेत नहीं होते उन्हें ऐसे ही संकट का सामना करना पड़ता है ।

''कौन, सुवासिनी ! तुम यहां ? कैसे और क्यों ?''

''तुम्हें ढूंढ़ते हुए यहां आई और बन्दी बना ली गई पर भला हो राजकुमारी कार्नेलिया का । उन्होंने मुझ बंदिनी को भी अपनी सखी बनाकर मेरा मान किया ।''

लेकिन तभी युद्ध की टंकार के स्वरों में उनकी घबराहट बढ़ जाती है । दोनों ही अपने बचाव में भाग खड़े हुए ।

"तब यह क्या ? क्या हमारी पराजय हो गई ?"

शिविर पर आक्रमण तो यही संकेत दे रहा है । कार्नेलिया थोड़ संयत होकर सोचती है—ठीक है, आत्मसम्मान से जीना ही तो जीना है और इससे पहले कि किसी के नापाक हाथ बुरे इरादे से आगे बढ़ें—ये प्राण समाप्त कर देने चाहिएं ।

ऐसा सोचते हुए कार्नेलिया और उपाय न जानकर अपनी छुरी निकालकर सीने में घोंपने क लिए कृतसंकल्प हो ज़ाती है ।

और ज्यों ही उसका उठा हाथ सीने तक जाता है—एक हाथ उसे लक्ष्य से दूर कर देता है ।

"यह क्या ? कार्नेलिया, भला सोचो, क्या मूर्खता कर रही थीं तुम ! यदि मैं समय पर न आता तो कितना बड़ा अनिष्ट हो जाता !"

"पिताजी की पराजय के बाद मेरे जीने का क्या अर्थ रह गया है सम्राट !"

"किन्तु हम आर्य हैं, कार्नेलिया ! और आर्य कभी अपने हितैषी की प्राण-रक्षा करने वाले के प्राण नहीं लेता ।"

"तो क्या, तुमने मेरे पिता की हत्या नहीं की ?"

"लो वे स्वयं आ गए ।"

"हां, बेटी !" धीरे-धीरे घायल सैल्यूकस शिविर में एक स्थान पर आते ही बैठ जाते हैं ।

शिखा-बन्धन

कितना कुशल नीतिनिपुण है यह ब्राह्मण ! आचार्य चाणक्य के कौशल को देखकर न केवल भारतीय बल्कि यवन वीर भी उसके बुद्धि-विलास का लोहा मान रहे थे । यूं कहने को आचार्य चाणक्य सम्राट चन्द्रगुप्त को मुक्त करके चले आए थे, सब कुछ छोड़कर सिन्धु के तट पर किन्तु वास्तव में यही वह स्थान था जहां से वे मगध, गान्धार, मालव और पंचनद की गतिविधियों पर दृष्टि जमाए थे । यहीं से वे सीमा पार यवनों की हलचल का जायजा भी लेते रहे ।

इस सब कार्य में उनके विशेष दूत तो सहयोगी रहे ही, अलका और सिंहरण दोनों ने अभूतपूर्व सहयोग किया । यहीं पर आचार्य ने आम्भीक से मिलकर उसका हृदय परिवर्तन करके उसमें राष्ट्रभक्ति की चेतना का संचार किया । सुवासिनी के

माध्यम से कार्नेलिया का भावात्मक संस्कार और राक्षस को बिखरने से रोका। पूरा दृश्य जगत आचार्य के सम्मुख था। आज उनका लक्ष्य सही मायने में पूरा हो चुका था। केवल चीजों को एक स्थिति देना भर बाकी था।

"यह सूर्योदय कितना मनोहारी था, कितना धवल और अभीप्सित। आज की पहली किरण में मैंने जाना-मेरे कन्धे कितना हल्कापन अनुभव कर रहे हैं। आज मैं धन्य हो गया हूं। मेरा लगाया पौधा फूलों से सज्जित अपनी गन्ध फैला रहा है।"

पता नहीं कैसे सुरसुराहट हुई। झाड़ियों में शायद कोई है। और आचार्य अपने ही ध्यान में आगे बढ़ गए।

सेनापति मौर्य कब से इस झाड़ी में छिपे इस अवसर की तलाश में थे।उन्हें यह ब्राह्मण पिता और पुत्र के बीच एक दीवार लगा इसीलिए तेज धार की छुरी से मौर्य ने इस दीवार को सदा के लिये गिराने में ही अपना भला समझा। इस बुद्धिमान प्राणी ने ही मेरे पुत्र के सम्राट होने के बावजूद सारी सत्ता अपने हाथ में सम्भाल रखी है। यह सम्राट के पिता की अवज्ञा करे ? भला यह कैसे हो सकता है !

अचानक सेनापति मौर्य झाड़ी से निकल कर आचार्य के पीछे दौड़ कर उन पर छुरी से वार करता है, तभी सुवासिनी, जो पहले से ही मौर्य के इरादे पहचान चुकी थी, दौड़ कर मौर्य का वार रोकने में सफल हो जाती है। थोड़ा सा शोर होता है और इतनी ही देर में वहां सिंहरण, चन्द्रगुप्त और उसकी माता भी आ जाते हैं।

कोई समझ ही नहीं पाता , क्या हुआ ? हां, सेनापति मौर्य के हाथ में छुरी अब भी उसी प्रकार तनी हुई थी और मुखमुद्रा बिगड़ी हुई थी।

"यह क्या पिताजी ! आप जानते हैं आप क्या करने जा रहे थे !"

और फिर चाणक्य के चरणों में गिरता हुआ, "क्षमा करें आचार्य, मैं आपका अपराधी हूं।" सिंहरण सेनापति के हाथ से छुरा लेकर एक तरफ फेंक देता है।

"कैसी विकट स्थिति है, नियति फिर मेरी परीक्षा लेना चाह रही है, किन्तु अबकी बार मैं भ्रम में नहीं हूं।"

निश्चिन्त होकर कहता है--"आचार्य ! प्रभु की असीम कृपा है, आपका

यह शिष्य कलंकित होने से बच गया ।''

''आज केवल मैं अधिकार चाहता हूं सम्राट चन्द्रगुप्त ।''

''आपकी आज्ञा ही सर्वोपरि होगी, आचार्य !''

''तो सुनो, मैं शकटार के जमाता राक्षस को आर्यावर्त का मंत्रीपद प्रदान करता हूं । और तुम सेनापति ! शस्त्र त्याग कर वानप्रस्थ ग्रहण करो, यही तुम्हारा प्रायश्चित है ।''

राक्षस, जो अभी तक एक कोने में उपेक्षित और भयभीत खड़ा था, आगे आकर आचार्य के चरणों में गिर पड़ा ।

''उठो मगध के महामात्य ! अपना कर्त्तव्य पूरा करो, आर्यावर्त की रक्षा में जुट जाओ ।'' और फिर धीरे से, ''सुवासिनी की गन्ध कभी मध्यम न पड़ने देना । वह तुम्हारे जीवन को अपनी सुवास से महका देगी ।''

तभी सूचना मिलती है--आर्य सैल्यूकस आचार्य के दर्शनों के लिये पधार रहे हैं ।

''ठीक है, सैल्यूकस का स्वागत है किन्तु यहां नहीं, राजमंदिर में उनका स्वागत किया जाएगा ।'' और फिर यह सारा दल राजमंदिर के विशाल प्रांगण में एकत्रित हो जाता है ।

सैल्यूकस को सम्मुख आया देखकर चन्द्रगुप्त खड़े होकर उसका स्वागत करते हुए कहता है--''विजेता सैल्यूकस का मैं स्वागत करता हूं ।''

''किन्तु मैं तो पराजित हूं सम्राट ! मैं तो संधि के लिये आया हूं । और आया हूं.....''

''हां, हां कहिए.....'' चन्द्रगुप्त ने कहा ।

''आर्य साम्राज्य के महामंत्री चाणक्य के दर्शन करने ।''

पीछे से आते हुए आचार्य ने कहा,-''मैं आपका अभिनन्दन करता हूं यवन सम्राट । हम भारतीय शुभकामना करते हैं आपके वैभव और विकास की । आप सदैव अपने लक्ष्य में सफल होवें ।''

''मुझे तो आपका आशीर्वाद चाहिए ।'' यह कहते हुए सम्राट सैल्यूकस आचार्य के चरणों में झुक जाता है 'मैं तो सन्धिपत्र.....''

''तुम दोनों सम्राट हो सैल्यूकस !'' और आचार्य उसे कदमों पर झुके होते ही उठाते हुए कहते हैं---''तुम दोनो के बीच सन्धि का एक अजस्र स्रोत

है, उसे प्रवाहित करो सैल्यूकस ! मैं कार्नेलिया को भारत की साम्राज्ञी बनाने के लिये उसका हाथ चन्द्रगुप्त के लिये मांगता हूं ।''

मैं अभिभूत हुआ आचार्य !'' और सैल्यूकस अपनी पुत्री का हाथ चन्द्रगुप्त के हाथों में देते हुए एक बार चन्द्रगुप्त और कार्नेलिया को एक साथ गले लगा लेता है । पुष्पों के हार पहने कार्नेलिया और चन्द्रगुप्त ने भी आचार्य के चरण छुए ।

आज दूसरी बार चाणक्य की आंखों में आंसू आ गए थे, दोनों को आशीष देते हुए आचार्य अपने दायित्व से पूरी तरह उपराम हो गए थे ।

अब वे सेनापति मौर्य को साथ लिये धीरे-धीरे अपनी कुटिया की ओर बढ़ रहे थे । उनका मस्तक दोपहर के सूर्य के समान प्रदीप्त हो रहा था । चले जा रहे थे आचार्य चाणक्य, राजधर्म से ब्राह्मण धर्म की दिशा में । मगध पर आज भी उनके ऋणों की पताका फहरा रही थी । और आचार्य चाणक्य की शिखा में बंधन पड़ गया ।

❑ ❑ ❑